图书在版编目（CIP）数据

诸子百家名句赏析 / 李文遴编著. --西安：三秦出版社，2017.9（2018.3重印）

（中华经典国学口袋书 / 徐喜平主编）

ISBN 978-7-5518-1596-3

Ⅰ. ①诸… Ⅱ. ①李… Ⅲ. ①先秦哲学－名句－鉴赏 Ⅳ. ①B220. 5

中国版本图书馆CIP数据核字（2017）第194164号

出 品 人　支旭仲
项目策划　匡俊英　白忠平
责　　编　刘　芳
封面设计　陈　非
版式设计　高东海
内文排版　白英华

出版发行　陕西新华出版传媒集团　三秦出版社
地　　址　西安市北大街147号
电　　话　（029）87205121
网　　址　http: / / www.sqcbs.cn

规　　格　720mm × 910mm　1/32
　　　　　印张7　彩插7　字数67千字
印　　刷　西安新华印务有限公司（独家承印）
版　　次　2017年9月第1版　2018年3月第2次印刷
标准书号　ISBN 978-7-5518-1596-3
定　　价　18.00元

凡有缺页、倒页、脱页，可与工厂直接调换。电话：029-84273850

诸子百家名句赏析

李文谦·编著

陕西新华出版传媒集团
三秦出版社

诸子百家名句赏析

李文达·编著

三秦出版社
陕西新华出版传媒集团

出版说明

中华文明源远流长，上下五千年，圣贤相继，英才辈出，他们殚精竭虑、呕心沥血，为后人留下了一部部经典作品。这些“经典”如同金砖玉瓦，构建成了一座金碧辉煌的殿堂，我们称之为“国学”。其内容宏富，博大精深，可谓是中华思想文明的浓缩，中国传统文化的精髓，是先贤遗留下的宝贵精神财富，值得好好传承和大力弘扬。越来越多的人们认识到其价值，读国学、诵经典的热潮正在蓬勃兴起，既有数字阅读的风生水起，更有坚守或者回归传统纸质阅读的蔚然成风。

读纸质书，无疑有着其他阅读方式所无法比拟的独特体验，一册在手，可以边读边做批注、写札记、勾画重点，也可以掩卷深思，细细品读。这种探究式阅读方式，有利于人们学习知识、启迪智慧、提升修养、提高境界，也有利于培养孩子们安静学习、锤炼思想、闻着书香做学问的良好习惯。

为了倡导全民阅读，特别是推进纸质阅读，营造爱书、品书氛围，同时考虑到当下人们的生活日趋丰富多彩且节奏加快，闲暇时间越来越碎片化，读书时间相对减少，我们从浩如烟海的国学经典中精心遴选了80部，并对书的内容作了适度精简，编辑出版了“中华经典国学口袋书”系列丛书，希望吸引更多的人回归传统阅读，重视国学经典。“口袋书”，顾名思义就是可以放在口袋里的书籍，其目的就是为读者奉献易于携带、便于翻阅、开卷有益的精神食粮。使他们于居家出行、茶余饭后，随时信手展读，含英咀华，增知怡情。

本丛书涵盖了经史子集、诗词曲赋、笔记信札、经典名句赏析，可谓贯通古今、包罗万象，能够最大限度满足各层面读者的阅读需求。书中既有对照古籍原文的“白话文”，又有介绍典故出处、时代背景、人物事迹等辅助阅读的“注释”，还配以帮助读者理解和提高的“赏析”。使对国学造诣程度各异的读者都可以做到读通、读懂，真正做到了老少皆宜、雅俗共赏。

这套书不仅在内容上编排严谨、注解精当；在外观上也充分彰显书籍之美，版式新颖，设计考究、印装精美，必定会成为您工作生活中的良师益友，带给您全新的阅读感受。

前 言

先秦两汉时期，由于人们对于当时社会大变革中的许多问题持有自己的态度和主张，愿望和要求，各家各派都著书立说，议论政治，阐述自己的观点，他们之间的论点既互相批评，又互相影响，在思想战线上出现了“百家争鸣”的局面。他们的著作是中华传统学术思想的一个源头。在内容上，博大精深，涉及哲学、政治学、经济学、军事学、管理学及自然科学等各个领域。在语言上，文辞多采，议论风生。如庄子的文章汪洋恣肆，想像丰富；荀子的文章气势磅礴，说理透辟；韩非的文章峻峭尖刻，锋芒毕露等。在各家所表达的思想理论中，包含着大量的格言警句，它不仅有治国安邦之策，还有为人处世之道，具有广泛的教育性和实用性。像《孙子兵法》，不但其治国治军的战略战术受到人们的重视，而且也广泛应用到经营、管理、体育竞赛等各方面。又如《鬼谷子》的智谋正在被应用到人才竞争、企业管理、产品推销、司法诉讼等活动中，所以诸子百家的思想，对后世影响极为深远，千百年来传诵不已。

然而，“吾生也有涯，而知也无涯。”面对众多的诸子文献，大多数人恐怕难以尽瞻。所以，我们选择了一些诸子百家著作中有关为人处世之道，经世济国之策的名言警句，以供读者欣赏借鉴。

目 录

六　　韬

杀一人而三军震者，杀之；赏一人而万人悦者，赏之。

【注释】

选自《六韬·龙韬》。

【译文】

惩杀一个犯人能威震三军的，就值得杀。奖赏一个有功者能使万人喜悦的，那就去奖赏他。

【赏析】

一个将帅要树立威信就必须做到赏罚分明。能够诛杀地位高的人，就能使人畏惧而显其威严；能够奖赏地位卑下的人，就能显示其清明而使人尊敬。如春秋时期田穰苴军门惩罚齐君之宠臣庄贾，孙武宫中斩吴王之爱姬。但是赏罚必须正确运用，公平得当，重要的是做好赏由下层起，罚从上层行，当赏则赏，当罚则罚，不徇私情，不避权贵。

信则不欺，忠则无二心。

【注释】

选自《六韬·龙韬·论将第十九》。

【译文】

讲信用而不欺骗他人，有忠心而不会反叛。

【赏析】

将帅素质的高低直接关系了国家的兴衰存亡，因此选用什么样的将帅统兵，意义十分重大，历来兵家对此都十分重视。“信则不欺”是将帅首先必备的条件。只有将帅做到讲信用、行赏罚、不徇私，士卒才会衷心地服从指挥而不怀疑，上下一心，共同对敌。其次是“忠则无二心”，只有“忠”才不至离心离德，才可授以重任。

鸷鸟将击，卑飞敛翼；猛兽将搏，弭耳俯伏；圣人将动，必有愚色。

【注释】

选自《六韬 · 发启》。卑 ：低。敛：收缩。弭：弓两头末端弯曲处，这里比喻向后抿贴的样子。

【译文】

雄鹰恶鹞准备向猎物发起袭击，先收缩着翅膀盘旋低飞；凶猛的野兽准备捕捉猎物，先抿着耳朵把身子贴俯在地上不动；圣人准备进行大的举动，常常表现出一副愚笨的样子。

【赏析】

“能而示之不能”是兵家的一种战争策略，在此姜尚连用三个比喻就是借以说明这一观点。其实两军对垒，双方都想显示自己的强大以便在气势上吓倒对方，而姜尚却鼓励制造假相，甚至造成自己队伍的人都看不起自己的同时，必然造成敌人轻视自己。这样就能蓄积力量，瞅准要害，出其不意地攻打对方，从而一举成功。

管　子

国多财则远者来，地辟举则民留处。

【注释】

选自《管子·牧民》。辟：开辟、开垦。举：全部、尽。

【译文】

国家拥有了富足的财力，那些远方的人民就会来归属你，土地普遍开垦了，人民就会安心留居。

【赏析】

经济基础决定上层建筑。国家的富强，社会的安定可以吸引远方的人民来投靠，从而便拥有了可贵的人力资源。管子生活的战国时代，诸侯割据，大国相争，无视劳动力资源的流失，因此管子疾呼人力资源是发展社会生产的决定因素。然而，人民的去留取决于国家的经济状况，所以，国富粮足是保证与争取人力资源、扩大再生产的前提。

仓廪实则知礼节，衣食足则知荣辱。

【注释】

选自《管子·牧民》。

【译文】

粮仓充实了，百姓就知道遵守礼节；衣食充足了，百姓才会知道荣辱。

【赏析】

物质与精神二者的关系是辩证统一的，精神虽对物质具有反作用，但物质归根结底却具有决定作用。所以当老百姓在吃、穿、用等各个基本需求都得不到满足时，精神层面就不可能有提高，也不可能提升自己的道德标准。总之，人的追求是在不断满足的条件下一步步提高的。当人的基本生理需求得不到满足，整天为衣食而焦头烂额时，还哪有时间去追求感情上的满足和人生价值的实现，说不定为了满足口腹之欲还会引起社会动乱。正因为吃饱穿暖是人的基本需求，所以为政者要想保证社会秩序的安定，必须搞好农事，使人民丰衣足食。只有解决了人们的基本生活问题，才能对人民进行教化，从而提高人们的道德修养。管子的这两句名言始终为古代政治家和史学家所传诵。

政之所兴，在顺民心；政之所废，在逆民心。

【注释】

选自《管子·牧民》。

【译文】

政事之所以兴盛，在于顺应民心；政事之所以废弛，在于违背民心。

【赏析】

得民心者得天下。自古以来都是顺民者昌，违民者亡。因为一种观念只有顺应了百姓的意愿，才能得以推行进而巩固政权；反之，得不到百姓的拥护，必将灭亡。说具体点，就是民心逆顺问题。历史为我们提供了许多这方面的经验教训。如周厉王统治时期，推行一系列暴虐政令：对山林川泽实行专利，箝制“国人”言论，横征暴敛，终于激起了众怒，于公元前842年，爆发了“国人暴动”。而唐太宗李世民在位期间，竭力把赋役剥削控制在一定范围之内，推行均田制、租庸调法等有利于人民生产生活的政策法规，使唐初出现史称“贞观之治”的太平盛世，因此唐太宗被后世评为历史上少有的一代明君。

以家为家，以乡为乡，以国为国，以天下为天下。

【注释】

选自《管子·牧民》。家：第一个“家”是动词，治家，第二个“家”是名词。

【译文】

用治家的方法治理家，用治乡的方法治理乡，用治国的方法治理国家，用治天下的方法治理天下。

【赏析】

在教育上，孔子一向主张“因材施教”；在为政上，管子在这里也提出了任人唯才，量才而用的主张。他告诫为政者要防止“以小治大”或“以大治小”等狭隘的做法，因为这种做法将导致国不能治、乡不能治、家不能治。所以，为政者在选取人才时应量才而用，应视不同的管理对象和管理范围而采取不同的管理方法和管理人才。

惟有道者能备患于未形也。

【注释】

选自《管子·牧民》。惟：只有。患：祸患。未形：没形成。

【译文】

只有那些有道的君主在祸患没有形成的时候才能预防它。

【赏析】

“道”是一种复杂的哲学范畴，在此被管子当做一种美好的理想，他认为只有那些有远见的人才能利用它治理国家、统一理想。他认为有道者治理好国家，防患于未然的办法是顺民心，兴民德，对百姓施行仁政，关心百姓的疾苦，使其生活无后顾之忧。对于重大问题，有道者开诚布公，做到“言室满室，言堂满堂”。这样的“仁政”，老百姓便会安居乐业而不会滋生事端，国家便会免去各种灾祸。

与不可，强不能，告不知，谓之劳而无功。

【注释】

选自《管子·形势》。

【译文】

和不可交往的人交往；强做不可能做的事情；告诉别人听不明白的话，这就叫做劳动而没有效果。

【赏析】

做任何事情的时候要问自己这样做有意义吗？如果强行做某些事却不能达到预期的效果，是徒劳无功的。盲目地、不分对象地去做这些事，必定是没有效果的，甚至会画蛇添足，弄巧成拙。

欲为天下者，必重其国；欲为其国者，必重其民；欲为其民者，必重尽其民力。

【注释】

选自《管子·权修》。重：珍惜，珍重。

【译文】

要想治理好天下，就必须珍惜本国的国力；要想治理好国家，就必须珍惜国内的人民；要想治理好人民，就必须珍惜民力以防耗尽。

【赏析】

这三个条件是管仲富国强兵思想的具体体现，也是君主君临天下的先决条件。在此，管仲十分重视爱惜民力，所谓民力，实际上是指农民的承受能力。在小农经济时期，这个承受能力本来是不大的，所以，只要国家在征用民力时，不超过他们的负担限度，就可以保护农民生产积极性，发展生产；人民负荷小，农业生产就能恢复和发展，从而君主也可以成就富国强兵、天下大治的伟业。

一年之计，莫如树谷；十年之计，莫如树木；终身之计，莫如树人。

【注释】

选自《管子·权修》。树：种植、培育。

【译文】

想在一年内获得利益的，不如种植粮食；想在十年内获得成果的，不如种植树木；想终身获取利益的，不如培育人才。

【赏析】

“十年树木，百年树人”这句至理名言便是从管子的上述三句话中提炼出来的。它体现了中国古代管理思想家的深谋远虑和高瞻远瞩。培养人才虽然需要很长的时间，但是从长远来看，从中得到的益处是无法估算的。因为，人才的培养对于治理国家有着重要的意义。这种对人才的高度重视，古人有之，今人更有之。清代学者龚自珍在《己亥杂诗》中写道“我劝天公重抖擞，不拘一格降人才”。说明了人才对社会起到的巨大作用。

市者，可以知治乱，可以知多寡，而不能为多寡。

【注释】

选自《管子·乘马》。治：安定太平。

【译文】

通过市场可以看出国家的治乱，可以了解到物质的多寡。但是市场并不能使物质财富本身增加或减少。

【赏析】

市场具有调节作用，它反映着政治经济的好坏，在这里管子强调的是物质进入流通领域后的功能。产品只有进入社会流通，才能知道社会成员除自用的部分外，可用于社会流通的剩余产品有多少，可以了解社会生产力的大小和社会物质财富的多少，从而制定相应的政策。只有物质丰富了，市场才有充足的货物流通。但是市场交换不同于生产，交换不能使商品变多或变少，而只能知道上市商品的多寡。商品的多寡是由生产力决定的，市场不能生产出商品来，但却能促进商品的生产。这实际上体现了利用市场调节经济发展中的难题，在当时是难能可贵的。

非诚贾不得食于贾，非诚工不得食于工；非诚农不得食于农，非信士不得立于朝。

【注释】

选自《管子·乘马》。

【译文】

不是诚实的商人，不得依靠经商为生；不是诚实的工匠，不得依靠做工为生；不是诚实的农夫，不得以务农为生；不是诚信的士人，不能在朝中做官。

【赏析】

古往今来，不管你作为什么身份，这个社会都提倡“诚信”。因此“诚实”是做一切事情的基础。管子采用了排比句的修辞手法，连用四个“非诚”，强调了“诚信”的重要性。告诫各行各业的人要有敬业精神，诚信责己，诚信待人，只有诚信才能各食其所。作为为政者，如果言而无信而让百姓失望，那么迟早会被百姓推翻。

然则得人之道，莫如利之；利之之道，莫如教之。

【注释】

选自《管子·五辅》。利：利益，得利。

【译文】

然而获取民心的法则，不如给人民利益；给人民利益，不如对人民进行教育。

【赏析】

这里体现了管子在治理国家中的民本思想。他认为只要国家富强了，百姓就会安居乐业，人民得到足够利益了，就不会再争夺；给人民以足够受教育的机会，人民就会知书达礼，进而懂得忠孝两全；

只有民心安稳了，社会才会稳固。古今中外大凡有所作为的帝王、将相、实业家都不会忽略政治秩序中的“民本”思想，亦不会不重视管理过程中人的因素。

爱之，利之，益之，安之，四者道之出。

【注释】

选自《管子·枢言》。

【译文】

爱护人民，使民得利，使民得益，使民安居，这四点都是道的要求。

【赏析】

在此管子提出的“爱之、利之、益之、安之”等政策其实是孔孟“仁政”治国之道的体现。他认为只有把百姓和土地放在第一位，才能成就帝王之业。为政者能够运用好这一法则，天下就可大治。西汉开国皇帝刘邦之所以能够战胜比他强大的项羽，是他首先做到了爱民这一法则。公元前206年，刘邦首先率军攻进咸阳，并制定了爱民措施，约法三章：“杀人者死，伤人及盗抵罪”，废除秦的严刑苛法，并引军驻扎在郊区，深得民心。而项羽后于刘邦进咸阳，项羽进驻咸阳后，掠夺财富，并火烧秦都阿房宫，造成很大的损失，从此失去民心。刘邦借此击败项羽，建立了大汉王朝。刘邦在位期间实行了一系列利民、益民、安民的措施，如轻徭薄赋、释放奴婢、复员士卒、重农抑商、与民休息等政策。并且，正是因为汉初实行了休养生息的政策，才使国家昌泰，人民安居乐业，促成了日后“文景之治”局面形成。

量力而知攻，善攻者，料众以攻众。

【注释】

选自《管子·霸言》。量：估计，估量。料：料想，揣摩。众：军队。前一“众”指自己的军队，后一“众”指敌人的军队。

【译文】

估量自己的力量而知道如何进攻的人，是真正善于打仗的人，（这样的人）能正确分析自己军队的优势，进而去进攻敌人。

【赏析】

在战争中，兵家十分强调：“知己知彼，百战不殆。”管子在这里论述的这一句话也正是此思想的体现。在作战中，应充分分析敌我双方的力量，只有对敌我双方都明确了解以后，才能发动进攻。无准备之战，盲目地乱打乱攻，是兵家所忌的。所以善于征战的人，总是先估量敌我双方兵力的多少，粮草的多少和准备情况，然后确定是否进攻。这一作战思想，不仅适用于战争中，也适用于政令的实施。在颁布任何政令或施行政策前，如果没有做好认真细致的调查研究，没有真正了解事物的本质及估计到自己的力量，那么，这些政令或措施就是不可行的，甚至是破坏性的。

霸王之形，德义胜之，智谋胜之，兵战胜之，地形胜之，动作胜之，故王之。

【注释】

选自《管子·霸言》。王（wàng）：称王，统治天下。

【译文】

称霸天下的形势是：在德义上超过别国；在智谋上超过别国；在军事上超过别国；在地形上超过别国；在掌握时机上超过别国。具备以上五个因素便可以统治天下。

【赏析】

管子认为成就霸王之业必须实行霸王之道。这就要求分析天下大势，考虑各方面的情况，进而制定出正确的战略和策略。这里虽然是言霸王之道的，但是，它的妙义对各行各业无不有借鉴作用。也就是说，要想在本行业成为佼佼者，并“称霸”于本行业，那就必须做到管子所说的这五个方面。否则在本行业是没有什么前途的。

论材、量能、谋德而举之，上之道也；专意一心，守职而不营，下之事也。

【注释】

选自《管子·君臣上》。谋：检验，审察。营：通“荧”，迷惑。

【译文】

评论人才、衡量能力、审察德行而提拔官吏，这是君王的职责；一心一意，恪守职责而不迷惑，这是臣子的职责。

【赏析】

管子在此论述了君主与臣下各司其职的问题，他认为君臣之间只有分工明确，才能共同把国家治理好。所以，君主要端正自己的德行，不能依靠自己的地位、权力干预臣下的事务，要君临臣下，让臣下充分发挥其聪明才智，这才是君主要做的。臣下要对君王负责，恪守职责。概括来说，就是君主的职责主要是用人、制令和赏罚，人臣的职责则是守住治事。显然，管子在这里极力维护了君王的独尊地位，但他认为君臣“一体”的唇齿相依关系也体现出了时代的进步性。

非其所欲，勿施于人。

【注释】

选自《管子·小问》。

【译文】

不是别人所希望的，不要施加在别人身上。

【赏析】

管子在这里的意思用孔子的话表述出来就是“己所不欲，勿施于人”。其实他们所提倡的是“恕政”之道，也就是儒家所标榜的最高的道德标准。它教人恭敬，宽厚待人。而有私欲的人，谈不上宽厚待人，只有克制私欲，言行合乎礼义，一个社会安定，人民安居乐业的理想太平盛世才会出现。这种道德标准不只被法家、儒家所提倡，也被道家等诸子所尊崇。

春赋以敛缯帛，夏贷以收秋实，是故民无废事而国无失利也。

【注释】

选自《管子·国蓄》。缯（zēng）：古代丝织品的总称。秋实：指秋粮。失利：损失利益。

【译文】

春季养蚕时放贷，用以敛收丝绸；夏季耕种时放贷，用以收回秋粮；因此，人民不会荒废农事，国家的利益也不会受到损失。

【赏析】

人民的利益高于一切。只有解决好了这一个问题，国家才有望又快又好地发展。在此两千多年前的管子以政治家的眼光、经济家的头脑，率先提出了国家预先贷款，进行预购的问题。其实这一思想是一种超前的经济思想。因为在养蚕和耕种季节，农民要购买生产工具和生活必须品，这时国家向农民预付贷款，可以减轻农民购入和卖出的负担，对农民来说，可以帮助解决其生产前的预备资金，以及产品的销路问题，从而使农民乐意从事蚕桑事业，以不误农时。对国家而言，提前预付贷款，实际上是一种合同预购，可以防止不法商人的介入，使国家获利。

不失其时，然后富。

【注释】

选自《管子·禁藏》。

【译文】

不失去农耕时节，这样做国家就会富有。

【赏析】

只有按照客观规律办事，才会事半功倍。农作物季节性极强，如果错过时节便会造成极大损失。如果能适时而为，才可望丰收。管子所说的“不失其时”，是告诫封建统治者役使农民要避农忙而就农闲。不可无休止地对农民强征徭役，大兴宫室台榭，导致土地荒芜，粮谷无收。应实行春赋、夏贷，给农民一些恩惠，只有先解决农民眼前的燃眉之急，才有希望不误农时， 金秋时节大获丰收。

巧目利手，不如拙规矩之正方圆。

【注释】

选自《管子·法法》。拙：笨。

【译文】

再灵巧的眼睛和高超的手艺，仍然赶不上笨拙的圆规和直矩纠正圆形和方形的误差。

【赏析】

不以规矩不成方圆。再贤明的君主如果不依靠法律来治国也同样达不到法治社会。两千多年的封建社会，其实质就是人治社会，君主的意志可以凌驾于法律之上，造成了法律的不公，人民的苦难。

多言而不当，不如其寡也。

【注释】

选自《管子·戒第》。寡：少的。当：恰当。

【译文】

喜欢说话而又不恰当，不如少说话为好。

【赏析】

语言是人与人进行思想交流的工具，正确地使用语言，不仅可以增进人与人之间友谊，还可以化干戈为玉帛。使用好言语的关键在于恰当、中肯，而不在于多少。说话要讲究言简意赅，言到意随，这样，受话人一听便会明白，同时也表现了说话人清楚的思维能力、言语的组织能力和表达能力。切勿废话连篇，不着边际，因为这样子不仅自己说了一堆废话，而且也给别人留下了极不好的印象。

寡交多亲，谓之知人。

【注释】

选自《管子·戒第》。

【译文】

虽然交的朋友不多，但都是知心朋友，这种人才称得上善于了解人。

【赏析】

结交朋友不在于多少，关键在于能知心。所谓“人生得一知己足矣，夫复何求？”所以交朋友一定要选择那些品德高尚的人，思想志向一致的人，与之交往可以受其感染，亦可成为高尚的人。如果滥交朋友，不分良莠，这样的朋友往往是些狐朋狗友，多重交利，利尽则义疏。孔子说，朋友，三种人有益处，三种人有害处。结交正直的、诚实的和博学的，有益处；结交谄媚奉承的、当面说好话背后说坏话的和夸夸其谈的，有害处。

用赏者贵诚，用刑者贵必。

【注释】

选自《管子·九守》。诚：信用。必：一定。

【译文】

执行奖赏最重要的是诚信，执行刑罚最重要的是一定要按法律办事。

【赏析】

奖赏与刑罚是否公正，直接关系着国家的兴衰存亡。国家统治者如果不能奖罚分明，必会宠信奸佞小人而伤害到正直的大臣和众多的百姓，长此以往，国将不国。

知子莫若父，知臣莫若君。

【注释】

选自《管子·大匡》。

【译文】

了解儿子的莫过于父亲，了解臣属的莫过于国君。

【赏析】

天下没有人比父亲更了解儿子的品行，没有比君王更了解臣下的才能。如果“父不能知其子，则无以睦一家，君不能知其臣，则无以济万国”。可见父知子，君知臣于家于国是非常重要的。我们都知道萧何月下追韩信的故事，正因为刘邦能在萧何的劝说下重用了韩信，才使韩信在后来的东征西讨、南伐北战中屡建奇功，为西汉王朝的建立立下了汗马功劳。

入州里，观习俗，而治乱之国可知也。

【注释】

选自《管子 · 入观》。州里：为古代地方行政区划单位，这里泛指城乡范围内的区域。习俗：风俗习惯。

【译文】

进入乡镇城市，观察社会风气，从而就可以知道一个国家的治乱之源。

【赏析】

社会风俗与社会道德互为表里共同制约着人们的行为，习俗淳厚则国家长治久安；反之，如果世俗风气日益败坏，人心不安势必影响社会的安定，所以说习俗是国家治乱的晴雨表。统治者制定政策时要摒弃不纯正的民风，倡导培育优良的习俗，这样治国，社会风气就会好转，混乱的国家就会安定。

海不辞水，故能成其大；山不辞土石，故能成其高。

【注释】

选自《管子·形势解》。辞：推辞，拒绝。

【译文】

大海不拒绝流向它的大小河流，所以才能够变得广阔无边；高山不拒绝任何泥土石块，所以才能堆积得高耸入云。

【赏析】

管子拿广阔的大海和巍峨的高山来比喻人，说明人只有虚怀若谷，有广阔的胸怀包容各种各样的人，听取不同的意见，才可以博采众长。为政者有了宽阔的胸怀，国家可以兴旺发达；人民有了宽阔的胸怀，人与人之间的关系可以融洽和睦。

【山庄图】卷 局部 [宋] 李公麟 中国台北故宫博物院藏 54－1

【山庄图】卷 局部 ［宋］李公麟 中国台北故宫博物院藏 54-1

一农不耕，民有为之饥者；一女不织，民有为之寒者。

【注释】

选自《管子·揆度》。

【译文】

如果一个农民不耕种土地，百姓就有因为没有吃的而受饿的；如果一个女人不织布，百姓就有因没有布而受冻的。

【赏析】

管子在这里强调了耕种与织布在小农为主的封建社会里对农业生产的重要性。广大农民就是靠这种小农业和家庭纺织业来满足其最低的生活需要，国家也是靠这种小农经济实现其政治统治的。如果农民不耕不织，相应就会出现受饿受冻者，社会财富就会匮乏。管子用反证法鼓励人民从事农业生产，只有大力提倡农业生产，才有可能满足人们的生活需求。

恶恶乎来刑，善善乎来荣。戒也。

【注释】

选自《管子·山权数》。恶恶：第一个“恶”是动词，作“惩罚”讲；第二个“恶”是名词，作“坏事 ”讲。刑：指重刑。荣：厚赏。

【译文】

惩罚坏的用重刑，表彰好的用厚赏。这是戒止人心邪恶的做法。

【赏析】

这是管子与齐桓公论治国之道时关于奖赏与惩罚制度的论述。禁止邪恶的产生重在惩前毖后，教育后来之人。晋国有叛君之大罪，就对犯罪者的九族进行判罪，这是不对的，是晋国的过错。而齐国对待叛君大罪的人，则按主次分别定罪。只有严惩坏人，奖赏好人，才能戒止人心邪恶的产生。这种做法可称之为“国戒”。这就表明了管子的赏罚原则。惩罚的目的在于教育，奖赏的目的在于勉励，赏罚要公正，执法要严格，这才能够取得民心。

晏子春秋

君子赠人以轩，不若以言。

【注释】

选自《晏子春秋·内篇杂上》。轩：这里指高大的车子。

【译文】

君子认为赠给别人高大漂亮的车子，不如给别人有教益的话。

【赏析】

晏子的这句话其实论述了物质财富与精神财富哪一个更重要的问题。他认为物质财富只能受益一时，而精神财富却能使人受益终生。这种精神财富便是为人处世的道理和道德修养的方法。他以此话提醒曾子，要他注意拜良师结益友，以利于自己的修养。君子之交淡若水，君子与别人交往心里不存有任何功利，所以他的言行都很实在，对于别人的缺点也会直言不讳，因此从他善意的批评中，可以观照出自己的优缺点，从而提高自己。

圣人千虑，必有一失，愚人千虑，必有一得。

【注释】

选自《晏子春秋·杂下》。得：成功。

【译文】

即使有智慧的圣人，考虑很多次，也难免会有一次失误；即使迟钝笨拙的人，考虑很多次，也会有一次是正确的。

【赏析】

圣人不是神人，只是拥有大智慧的人，他们虽然能料事如神，但也不可能保证每次都百分之百的准确，因为世上的事情变化太快，自己的心思也不可能像机器一样，每时每刻都能正确运转。所以，人们不要因“圣人”而相信一切，盲目崇拜；也不能歧视“愚者”而全盘否定，一概加以排斥，一定要根据具体的实情而加以合理地把握。

君正臣从谓之顺，君僻臣从谓之逆。

【注释】

选自《晏子春秋·内篇谏下》。僻：邪，不正。

【译文】

君主正确的，臣下服从的叫做顺；君主不正确的，臣下服从的叫做逆。

【赏析】

晏子说此话的背景是：齐景公死了爱妾，伤心得过了三天还不敛棺，无奈之下群臣只好把景公骗走才得以敛棺。这件事触怒了景公，于是晏子就以此话来劝谏齐景公。他认为：臣下不一定要绝对服从君王，而是要视君王的行为来定。晏子所确定的为臣之道的政治伦理规范，比起一切服从君主的规范要先进得多。他认为君主正确的，臣子应当服从，而君主不正确的，如果臣子也服从，那么臣子就不是一个好臣子。历史上被称为好臣子的，都是敢于对君主不正确言行进行劝谏的，其中著名的有商代的比干、唐代的魏徵。但是，只有好臣子却没有好君王，同样是治理不好国家的。因此，晏子这句话的另一层意思是君主要以国事为重，端正自己的品行，近贤者，远小人。

桔生淮南则为桔，生于淮北则为枳，叶徒相似，其实味不同。

【注释】

选自《晏子春秋·集释》。

【译文】

桔生于淮河南边就成为桔子，生于淮河北边就变成枳了，它们只是叶很相似，其实味道不相同。

【赏析】

晏子以自然现象比喻社会现象，说明环境对于个体的成长与发展具有重要影响，有时外因在一定条件下还会彻底改变个体的本性。青少年正是学知识长身体的年龄，在交友时一定要慎重。交友要交心，而不要交利，因为以心交，情虽淡而久；以利相交，利尽而情绝。如果交友不善，则对自己不利，与恶人居，如入鲍鱼之肆，久而不闻其臭。

身无以用人，而又不为人用者卑。

【注释】

选自《晏子春秋·集释》。

【译文】

自己没有用人的品质和才能，又不肯让别人来用自己的人，是卑贱的。

【赏析】

俗话说："将有将才，帅有帅才。"可见人的才能大小不仅有区别，而且在各个领域还表现得不一致。对于晏子这句话应从两个方面去理解：一种是无才无德的人，自己不行，还不愿意让贤于人，让别人去领导自己，这种人在本质上是卑贱的。另一种人是自己没有权势和条件来领导别人，又不被别人重用的人，地位是卑贱的。后者只是社会地位卑贱，本质并不卑贱，因为他们有德有才，只因没有社会条件而又未被重用才使得自己地位低下。

司 马 法

赏不逾时，欲民速得为善之利也；罚不迁列，欲民速得睹为不善之害也。

【注释】

选自《司马法·天子之仪第二》。迁列：移动行列。

【译文】

奖赏不要过时，为的是使民众迅速得到做好事的利益。惩罚要就地执行，为的是使民众迅速看到做坏事的恶果。

【赏析】

君主能做到奖罚分明还不够，因为如果奖罚做不到适度、适时的话并不是真正的奖罚分明，因为这样并不能起到及时教育或杀一儆百的作用，更不能达到整肃军纪、提高战斗力的目的。三国蜀相诸葛亮挥泪斩马谡就是“罚不迁列”的最好运用。

执戮禁顾，噪必先之；若畏太甚，则勿杀戮，示以颜色，告之以所生。

【注释】

选自《司马法·严位第四》。噪：鼓动。戮：杀。

【译文】

用杀戮之法制止畏敌欲逃的人，必从先鼓动逃跑的人下手；如果畏敌欲逃的人太多了，就不能靠杀戮的方法了，而应和颜悦色地做士卒的思想工作，告诉他们用以求生的方法。

【赏析】

在战争中，临阵脱逃是兵家大忌。怎么样才能不让逃兵现象出现呢？有两种办法：一种是杀一儆百法，即对那些鼓动士兵逃跑的个别人处以死刑，以得杀一儆百的效果，但此法忌大开杀戒，杀的太多，军心就会不稳，适得其反。另一种办法是做思想工作，把思想工作做好了，士卒在战场上就有一不怕苦，二不怕死的斗志，就有勇于杀敌的精神。

凡从奔勿息，敌人或止于路，则虑之。

【注释】

选自《司马法·用众第五》。奔：逃亡。

【译文】

追击逃亡的敌人时，不要停止，敌人如果停止不前，就要考虑敌人是否有别的企图。

【赏析】

毛泽东有诗曰：“宜将剩勇追穷寇，不可沽名学霸王。”这就说明对于那些溃败的敌人应乘胜追击，不给其以喘息的机会，才有望取胜。但是追击敌人，还要明察敌人是真败还是假败，这样可以避免上当受骗，被敌人的诈败之计所困。我国历史上著名的以少胜多的“长勺之战”，就应用了这一作战原则。鲁国军队在曹刿的指挥下，打败齐军，齐军溃败，曹刿看到齐军车辙杂乱，代表国家威信的军旗也倒下，断定齐军不是诈败，于是指挥鲁军乘胜追击，取得全胜。

老　子

有无相生，难易相成，长短相形，高下相盈，音声相和，前后相随，恒也。

【注释】

选自《老子·第二章》。恒：永恒，持久不变的。

【译文】

有与无互相生成，难与易相辅相成，长与短相互体现，高与下相互出入，音与声相互应和，前与后相互跟随，这是永恒不变的。

【赏析】

老子的哲学思想蕴含了朴素的辩证思想。他认为世上万物都是相对的，也是同一的，这便是他的“齐物论”思想。他倡导圣人治国为政就必须处无为之事，行不言之教，不必有意倡导某事某物，于人于物应一视同仁，齐物等量，如同日月天地于物周普无偏一样，不定优劣，不分好坏，使之各得其所，各自融洽。

天地所以能长且久者，以其不自生，故能长生。

【注释】

选自《老子·第七章》。

【译文】

天地所以能够长久的存在，是因为它们不为自己而生存，所以才能长久地生存着。

【赏析】

老子认为天地长存的原因在于天地无私，只求万物的利益，最后反而自己得到了长存的好处。老子以天地长存为例子，喻示着人应该具有的处世观念，作为与天地同出一源的人，如能够抛弃私心，处后居下，先人后己，不仅不会伤害自己，反而还会长久生存。我国上古时代的大禹就是其中一例，他为了治理洪水，三过家门而不入，为人类的福祉做出了巨大贡献，最后舜也因此禅位给了禹。这就体现出了老子的“无私”即“成其私”思想。

功遂身退，天之道也。

【注释】

选自《老子·第九章》。功：功名利禄。遂：成就。天之道：指自然规律。

【译文】

功名利禄有了成就，就不要再争了，这是符合自然规律的。

【赏析】

儒、道两家的思想有相通之处，但更多地体现出了相左的观点：儒家主张“入世”哲学，道家则提倡“避世”主张。老子认为应功成身退，因为老子看到事物发展到极端，必然会走向自己的反面。为避免灾祸，老子提出了“功遂身退”的哲学思想。这一思想是符合自然辩证法的，当一个人功名成就达到人生的巅峰时，在物极必反规律的作用下，人生就会开始往相反的方向走。如果还再去争名夺利，定会招致不必要的麻烦。我国历史上“功成身退”的将相为数不少，基本上都能千古流芳；而不能做到激流勇退的帅才更多，他们多数不能保护其身，所以后世就把这一思想演变成了“明哲保身”的口号。

五色令人目盲；五音令人耳聋；五味令人口爽；驰骋畋猎，令人心发狂；难得之货，令人行妨。

【注释】

选自《老子·第十二章》。五色：红、黄、蓝、白、黑。此指纵情色欲、服装、装饰等。五音：宫、商、角、徵、羽。此指纵情声乐、歌舞等。五味：酸、甜、苦、辣、咸。此指纵情口腹之欲。爽：失去味觉。驰骋：骑马奔跑。畋猎：野外打猎。妨：败坏。

【译文】

色彩缤纷会使人眼花缭乱，音乐繁多也会使人耳朵发聋，美味太多易使人失去味觉；乘马飞驰狩猎将使人心灵狂放；猎取稀奇之物必使人行为败坏。

【赏析】

先哲说：“食、色，性也。”道出了人作为高级动物的自然属性。其实人的这些生理、心理要求是正当的，但如果过分的话，必定会伤害自己。同时，老子也认为那些缤纷的色彩、优美的音乐、美味的食物、怡人的狩猎是伤害人身心健康、败坏人完美道德的元凶，所以他极力主张“去奢泰，好俭朴”。这一养生之道，从客观上也使那些追求奢侈生活的统治者有所收敛。老子在《道德经》中多次论述了他的养生之道。在魏晋时期，老子的教义得到了发扬光大，他的养生之道被这一时期的道学人物所弘扬，以东晋葛洪最为著名。他从小就喜欢神仙导养之法，提出了道教应以神仙养生为内，以儒术应世为外的处世主张，这样就把养生与治国联系在了一起。

执古之道，以御今之有。能知古始，是之谓道纪。

【注释】

选自《老子·第十四章》。道：规则，法则。御：驾御。

【译文】

把握早已存在的“道”，用来驾御现在具体的事物。能够认识宇宙的起始，这就叫“道”的规律。

【赏析】

老子五千言集中体现了一个“道”字，“道”是个哲学范畴，它超越万物，又适用于万物，也不受时空的限制。人如果掌握了“道”的规律，既可以驾驭现实，也可推知远古，这就是“道”的纲纪。从而说明社会历史、宇宙自然有着相通的“道”。

豫兮若冬涉川；犹兮若畏四邻；俨兮其若客；涣兮其若凌释；敦兮其若朴；旷兮其若谷；混兮其若浊。

【注释】

选自《老子·第十五章》。豫：一种野兽的名称，它性多疑，在此指迟疑谨慎的意思。川：小河。犹：一种野兽。涣：疏散。朴：未经雕琢的木头。

【译文】

谨慎迟疑啊，像冬天涉水过河；畏惧顾虑啊，像提防四周围攻；恭敬端凝啊，像做宾客；融和疏脱啊，像河冰消融；敦厚朴素啊，像未雕琢之木；空豁旷远啊，像深山幽谷；浑然纯厚啊，像一潭浊水。

【赏析】

此段文字老子形象生动地叙述了自己为人处世的原则。他认为：只有像“豫”一样不敢妄动，才能做到与世无争；只有像“犹”一样谨慎戒备，不敢妄为，才不败事。立身为人应庄重拘谨。对于物质的欲望淡然漠之，不加注意。此外，还要做到心灵与头脑的无知无识，这样面对外界事物才会不思不想，不忧不虑，如此内心则空寂，外表则旷达。头脑无知则单纯、无心机，质朴无文，敦厚自然，就像未雕饰的原木一样。当然，这段话不仅是老子的自我表白，也是他对世人的规劝和希望。

见素抱朴，少私寡欲。

【注释】

选自《老子·第十九章》。朴：不加雕饰的木。欲：许慎《说文解字》云：“欲，贪欲也。”段玉裁《说文解字注》亦云：欲，是人们受到物的感动而产生的，是人的本性。欲望恰当了就是合情合理的，不恰当就变成了贪欲。

【译文】

保持质朴，减少私欲。

【赏析】

老子认为欲壑难填，强烈的欲望会毁掉一个人，甚至一个国家，所以他提倡少私寡欲，让人返璞归真，回归人民的自然本性。减少私欲就是让人们“绝巧弃利”。人生终日与物接触，并且经营不已，难免会被物质所左右，如此，则随时都会有纵欲的危险。所以老子提倡寡欲或无欲。他的这种寡欲或无欲不是让人放弃一切正常的欲望，而是让人追求恰当的合情合理的欲望，人们只有放弃那些被物驾御的外壳，而恢复人类的天然属性，才能真正地安居乐业，没有忧虑。

唯之与阿，相去几何？善之与恶，相去若何？

【注释】

选自《老子·第二十章》。唯：恭敬的应声。阿：怠慢的应声。

【译文】

恭敬的应声“是”，与怠慢的应声“啊”，相差有多大？善与恶，二者差异又有多大呢？

【赏析】

老子认为“唯”与“阿”的区别不仅表现在自我心理的满足，更能体现出一个人的道德修养水平。

应“唯”不仅表现出对对方的尊重，也体现了自己的高尚品德；应“阿”不仅怠慢了对方，也侮辱了自己的德行。所以，要想人尊敬自己，自己必须先尊敬别人，所谓“己所不欲，勿施于人”。

同于道者，道亦乐得之；同于德者，德亦乐得之；同于失者，失亦乐得之。

【注释】

选自《老子·第二十三章》。

【译文】

同于自然之道的，“道”也乐意得到他；同于“德”的，“德”也乐意得到他；同于不道不德的，“失”亦乐于得到他。

【赏析】

“物以类聚，人以群分。”人们正因为志同道合才会相聚在一起。所以，如果想了解他们的品行的话，看一个就可以了解全部了，因为“管中窥豹，可见一斑”。这就是推己及人，举一反三的道理。

人法地，地法天，天法道，道法自然。

【注释】

选自《老子·第二十五章》。法：效法，学习。自然：自然而然，当然如此。

【译文】

人效法地，地效法天，天效法道，道效法自然。

【赏析】

老子在此用递推的方法向人们阐释了何为“道法自然”的原则。王弼在给《老子》作注时说：“道不违自然，乃得其性。法自然者，在方而法方，在圆而法圆，与自然无所违也。”也就是说只有顺从自然规律，自然而然地生活，天、地、人才能按照各自的自然规律运行，相安无事。

是以圣人常善救人，故无弃人；常善救物，故无弃物。是谓袭明。

【注释】

选自《老子·第二十七章》。袭：承袭，此指隐含之意。明：聪明。

【译文】

因此，有道之人常善于救人，所以没有无用的人；有道之人常善于救物，所以没有无用的东西。这就叫做暗含着聪明智慧。

【赏析】

“道”是老子的哲学范畴，它内涵十分丰富。这段话体现的是老子救人、救物和救世的思想。他由人生的要求，逐步推及物的根源，从而推及人生和与此相关的生活态度与价值追求。老子所具有的悲天悯人的思想与世界上任何一个伟大的哲学家的思想都是一致的。

是以圣人去甚、去奢、去泰。

【注释】

选自《老子 · 第二十九章》。是以：因此，因为这样。甚：过分的。泰：奢侈的。

【译文】

因此，圣人远离那些极端的事物，远离那些奢侈的生活，远离那些过分的东西。

【赏析】

欲壑都是难填的，一切祸端都源于欲望二字。在此老子提倡听任自然、顺应物性，也就是主张知足常乐。因为人的欲望是无涯的，欲望越强烈，对物的要求就越多，烦恼也会增加，为了满足这无尽的欲望，有人就会做出违法犯罪的事情来，所以老子提出了“去甚、去奢、去泰”的灭欲思想，只有知足无欲才会“贫如富”“贱如贵”。

天地相合，以降甘露，民莫之令而自均。

【注释】

选自《老子 · 第三十二章》。均：均匀。

【译文】

天与地相合，就会降下甘露，人们无须指令而自然均匀。

【赏析】

老子通过观察自然界和人类社会，体悟出了两个道理：自然界是“损有余而奉不足”；人类社会却相反是“损不足而奉有余”。老子批判了这种不合理的现象，认为人君应认识它的特性，持守它的特性，这样天下才能安然自适，万民才能怡然自得。

知人者智，自知者明。

【注释】

选自《老子·第三十三章》。

【译文】

正确认识别人的是智者，认识自己的人是高明者。

【赏析】

人贵有自知之明。只有那些大智慧的人才能正确认识自己；只有正确认识自己之后才能在社会中给自己找到一个准确的位置，并充分发挥自己的优点，战胜自己的弱点，在自我完善过程中，创造出自身价值。自知之明固然重要，但正确认识别人也很重要，只有认识了别人，才能做到有的放矢，拿别人的长处补自己的短处，多向比自己优秀的人学习，逐渐完善自己。

道生一，一生二，二生三，三生万物。万物负阴而抱阳，冲气以为和。

【注释】

选自《老子·第四十二章》。道生一："就其名而言为道，就其数而言为一"（蒋锡昌《老子校诂》）。即道生成自己。二：指天地。三：阴阳两气相交会和形成的一种和谐状态。负：背。冲："阴阳两气互相交冲而成的均调和谐状态"（陈鼓应《老子注释及评介》）。

【译文】

道生成自己，自己又生成天地，天地又生成阴阳两气，阴阳两气相合又生成万物。万物负载着阴阳两气，两气相互激荡而生成新的和谐物。

【赏析】

老子认为"道"就是宇宙生成的理论。何谓"道"？在此"道"就是"一"，"一"就是"道"。在中国传统观念中，天地就以时空形式，可以承载万物，因此，在宇宙生成程序上，天地先于万物。由于老子重视天地的独特存在，于是以道为本源，天地为场所，阴阳两气和谐一致，形成了宇宙间广大的和谐性，充满了无限的生机，使万物生生不息。老子把“道”作为万物的主宰，实质体现了他“无为而无不为”的哲学思想，即万物自生自长不受控制。

故知足不辱，知止不殆，可以长久。

【注释】

选自《老子·第四十四章》。辱：耻辱。止：停止。殆：危害，危险。

【译文】

知道满足的人，不会因自己的贫困而感到耻辱；知道适可而止的人，就不会有危险。这样才可以长久生存。

【赏析】

这句话既体现了老子的处世观、人生观，也体现了他的养生之道。他认为如果为名、为利而不惜生命的话，是不可取的，因为在他眼中，生命最可贵，应该保身除祸。名利本属身外之物，无法与身体和生命相提并论，只有内心知足的人，才不会费心劳神去追求，不损伤身心，自可保寿。如果只有外在行为的知止，而无内心的知足，那么，知止只是暂时的，是被动的，一旦有机会，就会再起贪心。只有内心知足，才会主动知止，才会全生保寿。如果为了追逐名利而伤损生命，真可谓因小失大。

大直若屈，大巧若拙，大辩若讷，大赢若纳。

【注释】

选自《老子·第四十五章》。屈：弯曲。讷：即不善说话。

【译文】

最正直的东西好似弯曲，最灵巧的东西好似笨拙，最好的口才好似不善辩说，最大的赢利好似亏本。

【赏析】

这段话体现了老子的辩证思想，也体现了现象和本质的原理。事物是矛盾的，也是相辅相成的，我们不仅应该看到事物的现象，还要透过现象看到其本质，而不要被事物的表面现象所迷惑。

善者，吾善之；不善者，吾亦善之；德善。信者，吾信之；不信者，吾亦信之；德信。

【注释】

选自《老子·第四十九章》。德：同“得”。

【译文】

善良的人，我以善良对待他；不善良的人，我也以善良对待他，使之得于善良。诚实的人，我以诚实待他；不诚实的人，我也以诚实待他，使之得于诚实。

【赏析】

“人之初，性本善。”之所以社会上有好坏之分，都是后天所致，所以我们在对待他人的时候要宽容，切不可斤斤计较。应该用以德报怨的精神去感化他，以“善”对“不善”，在扬善之风中，不善者会被潜移默化；在倡导善行中行善，那些不善之人也无法行不善之事。对于不诚实人的教化，也是一样的道理。这也是老子提出以百姓的心为心，以善心、诚心对待所有人，使百姓都归心于善良诚实的观点。

治人事天，莫若啬。

【注释】

选自《老子·第五十九章》。事：侍奉，奉行。啬：原意是指收获谷物，泛指农事；后引申为爱惜、节俭之意。

【译文】

治理人事奉行天道，没有比节俭更好的了。

【赏析】

“众览前贤国与家，成由勤俭败由奢。”老子也认为无论治国还是治身都该厚培根基，积聚能量。以勤俭治国可长久，治人则长生。去奢崇俭，能使民情变得淳厚质朴，无奢靡之风，就无狡诈之人，社会就能得到长治久安。节俭也能使人积聚能量，健康长寿。故清代名臣曾国藩在《家书·致沅弟》中告诫子孙诸侄：去奢崇俭才能生机勃勃，才能长享富贵，免去祸患。

图难于其易，为大于其细；天下难事，必作于易；天下大事，必作于细。

【注释】

选自《老子·第六十三章》。作：开始。

【译文】

处理困难要从简易入手，实现大事要从细微着手；天下的难事，必定从容易开始；天下的大事，必定从细微开始。

【赏析】

老子主张处理事务的原则应该是先易后难，先细后大。因为只有先解决容易的问题，才能为后来的疑难问题打下基础、做好铺垫。解决易事、做好细事，是轻而易举的，反之则要劳神费力。因此，不可忽视易事、细事。这与我们学习知识、攻克难题是相同的道理。往往在攻克难题之前，要做大量简单易懂的题，从易入难，循序渐进，最后才能触类旁通，解决疑难。

我有三宝，持而保之：一曰慈，二曰俭，三曰不敢为天下先。

【注释】

选自《老子·第六十七章》。慈：慈心。俭：节俭。

【译文】

我有三种法宝，掌握并保持它：第一是“慈爱”；第二是“节俭”；第三是“不敢为天下先”。

【赏析】

老子的三宝，是教人应有这三德。其中“慈”是这三宝中的根本，慈是父母爱子女的感情，是从人类本性根源发生的情感，所以是无所选择的、没有任何利害关系的、无求施报的自然本性，拥有了“慈”，就会戒杀生以惜物命，慎翦伐以养天和，就拥有了包容万物广大的德。“俭”是节制自己，从内心的虚静到外在的俭德要求一致，老子认为为政者要抛却私心，以天下百姓之心为己心，那样就能控制自己的意念和欲望，满足天下百姓的要求，从而使国家大治。“不敢为天下先”这是要求为政者体会大道无为的精神，以先取后、取下来感召天下，才能为上，为人之君。人有了“慈”就能勇；有了“俭”就能广；有了“不敢为天下先”的思想就能成大器。这就是老子理论中的“珍宝”。

知我者希，则我者贵。圣人被褐而怀玉。

【注释】

选自《老子·第七十章》。则：法则，效法。被：同“披”，穿着。褐：粗布衣，粗麻衣。

【译文】

能了解我的人极少，能效法我的人也很难遇到。圣人虽然穿着粗布衣，却怀有宝玉。

【赏析】

圣人因为身怀宝玉而往往曲高和寡，因为高出一般人的理解能力，所以往往不被普通人理解。在这种情况下，圣人并不因为自己不被别人理解而去迎合别人，变成身着锦绣而内心空空的人。明代王守仁在《答舒国用》中说：君子不希求别人一定相信自己，只不过要做到自己相信自己；也不希求别人了解自己，只要做到自己了解自己。由此可见圣人都具有这样的高洁情操。现实生活中，一般人往往因为别人不理解自己而觉得痛苦，而极力去迎合别人，这多是因为自己没有“怀揣宝玉”，没有高尚的思想情操而造成的。只有提高自己，才能接近圣人。

民不畏威，则大威至。

【注释】

选自《老子·第七十二章》。威：第一个“威”作“专制”讲；第二个“威”作“祸乱”讲。

【译文】

当人民不畏惧统治者时，那么大的祸乱就要到来了。

【赏析】

老子说：“民不畏死，奈何以死惧之。”当老百姓已经被为政者的各项苛捐杂税压得透不过气来的时候，他们为了生存，是会不顾一切的，就会铤而走险、揭竿而起，推翻为政者的统治。历史上爆发的农民起义，每一次都是统治者的残暴统治而导致的，这也证明了老子的“民不畏威则大威至”的这一名言。所以为政者应该懂得“官逼民反”的道理。只有使民众余裕所居，熙融所生，社会才会得以持续，得以发展，否则就会祸乱四起。

天网恢恢，疏而不漏。

【注释】

选自《老子·第七十三章》。恢恢：宽大无边。疏：稀疏，不密。

【译文】

天网很大，网孔虽然稀疏但却不会有一点漏失。

【赏析】

老子认为冥冥之中存在着因果关系，天网虽大而稀疏，却从来不会有所遗漏。后来老子的这一思想逐渐演变为“法网恢恢，疏而不漏”。它用于警告那些为非作歹的人，不要以为自己的犯罪事实能够得到掩盖，自己的计谋能够得逞，实际上，任何犯罪行为都不可能逃避法律的制裁。

天之道，损有余而补不足。人之道则不然，损不足以奉有余。

【注释】

选自《老子·第七十七章》。损：减少。余：剩余。不然：不是这样。奉：奉献。

【译文】

天之道法，是减少有剩余的来补给不足的；而人类的法则却不是这样，是减少不足的来奉养有剩余的。

【赏析】

这两句话体现了老子“均贫富”的社会理想。他认为人之道应该和天之道一样，损有余而补不足，这样，财富均衡了，才不会引起纷争。但是，人之道却不这样，现实的社会却是“损不足以奉有余”，社会呈现出极大的不公平。那些统治者，利用自己的地位和特权，损害百姓的利益，用剥削来的财物来满足个人的私欲，使得百姓越来越贫困，自己越来越富有。这在剥削阶级存在的社会中是不可避免的事实。杜甫的“朱门酒肉臭，路有冻死骨”就是封建社会贫富差距的真实写照。

信言不美，美言不信。善者不辩，辩者不善。知者不博，博者不知。

【注释】

选自《老子·第八十一章》。信：真诚，诚实。美：华美，华丽。善者：善良的人。辩：指能说会道。博：知道的事情多。

【译文】

真实的话不华丽，华丽的话不真实。善良的人不巧辩，巧辩的人不善良。真正懂的人不卖弄，卖弄的人并不真正懂得。

【赏析】

老子是一位具有大智慧的人，他提倡那种大智若愚、返璞归真的生活准则。他认为那些动听的言辞，往往是华而不实的。只有那些真正善良的人，才不炫耀自己，不斥责别人，真诚待人，所以对自己的行为不作辩解。只有那些大智之人才总是谦虚地对待一切事物，因为他们知道，宇宙万物无穷无尽，人的知识是有限的。而那些浅薄者，自以为自己掌握了宇宙万物，就妄自尊大，是极为浅陋无知的表现。

【山庄图】卷 局部 ［宋］李公麟 中国台北故宫博物院藏 54－2

【山庄图】卷 局部 ［宋］李公麟 中国台北故宫博物院藏 54-2

孔子家语

士必悫而后求智能者焉。

【注释】

选自《孔子家语 · 卷一 · 五仪解第七》。悫（què）：忠诚，忠厚。

【译文】

对于受过教育而有所专长的人，必须要求他忠诚正直，然后再要求他聪明能干。

【赏析】

这是孔子向鲁哀公提出的“取人之法”，即用人原则。孔子认为选用人才必须“先德后才”，一个人只有在道德上具备一定的条件，然后才可以谈能力。而那些有才无德的人，甚至还不如无才无德的人，因为他们丝毫不讲德行，只求自己享乐，一旦掌权，对国家和百姓都是有百害而无一利的。

树欲静而风不停，子欲养而亲不待。

【注释】

选自《孔子家语 · 卷二 · 致思第八》。

【译文】

树希望静止不摆，风却不停息。子女想要赡养父母，但父母却已等不到这一天。

【赏析】

这是丘吾子说给孔子的话，旨在宣扬儒家的孝道。此话是从反面来告诫孝子们，说明行孝道要及时，要趁着父母健在的时候，而不要等到父母去世的那一天。后来用“树欲静而风不停”比喻不以人的主观愿望为转移的客观规律。也有用来比喻一方想停止做某事，而另一方却不让其停止，这里所指的做某事，一般指的是不正义的事。

丹漆不文，白玉不雕。

【注释】

选自《孔子家语·卷二·好生第十》。丹漆：红色的漆，即朱漆。文：同“纹”，意为修饰。

【译文】

红色的漆不需要修饰，白色的玉不需要雕琢。

【赏析】

何谓“美”？孔子认为自然就是美。什么叫“自然美”？不经人工雕琢而体现出的一种质朴的、纯真的美就是自然美。因为它此时并不代表任何人的思想意识。经过雕琢后的美，就包含个人的情感、思想和审美情趣。清代思想家龚自珍在《病梅馆记》中痛斥那些士大夫们以病梅为美的畸形审美意识，主张让梅恢复自然本性，自然发展。从中我们也可以悟出做人的道理，不加雕琢的人性是纯朴自然的，经过修饰的人性是病态虚伪的。

受人施者常畏人，与人者常骄人。

【注释】

选自《孔子家语·卷五·在厄第二十》。施：给予恩惠，施舍。畏：怕，畏惧。与：给予。骄：骄傲自大，放纵。

【译文】

接受别人施舍的人，经常畏惧别人；给予别人恩惠的人，常常看不起别人。

【赏析】

这句话从反面告诫我们要注重修身，养成良好的道德品行。俗话说："拿人手短，吃人嘴软。"所以不要轻易接受别人的给予，因为一旦接受，就有可能听从别人的指挥，失去人格。但对于接受施舍这一问题，应根据当时的情况而论，在特别的和人格尊严不受到损害的情况下，接受施舍是人自然本性的表现，当然，我们对于那些给予别人恩惠又对别人傲慢、轻视的人，应予以坚决的批驳。

张而不弛，文武弗能；弛而不张，文武弗为；一张一弛，文武之道也。

【注释】

选自《孔子家语·卷七·观乡射第二十八》。张：把弓弦绷紧。弛：把弓弦放松。文武：指周朝的周文王和周武王。

【译文】

把弓弦绷紧而不松弛，文王、武王不会这样做；把弓弦放松而不绷紧，文王、武王也不会这样做；有放松有绷紧，这才是文王、武王的治国之道。

【赏析】

孔子在此阐述了文王与武王在治理国家上所遵守的原则。它不仅适用于安邦定国，也适用于人们的生活和学习。只张不弛，人们就会疲劳，生活质量和学习效率就得不到提高；只弛不张，生活就会懒散，学习就会放松。所以，“文武之道，一张一弛。”这样学习效率才会高，生活才会更精彩。

刑不上大夫，礼不下庶人。

【注释】

选自《孔子家语·卷七·五刑解第三十》。

【译文】

刑法不针对达官贵人，礼节不适用于平民百姓。

【赏析】

这本是先古时代的一条法律条文，但在此孔子却加以发展了。他认为达官贵人犯法后，不应对他们实行刑罚，老百姓也不需要学习过多的礼仪。孔子的这种思想为达官贵人为所欲为，触犯法律开了绿灯，违反了君子犯法与庶民同罪的法制原则，应该说是不健全的法律条文。

汤武以谔谔而昌，桀纣以唯唯而亡。

【注释】

选自《孔子家语·六本》。谔谔：忠言正谏的样子。唯唯：不分是非的答应顺从。

【译文】

商汤、周武王能听进忠言正谏，所以国家得以繁荣昌盛。夏桀和商纣王喜欢阿谀奉迎的话，所以身死国灭。

【赏析】

商汤、周武王都是历代明君中的佼佼者，他们在位期间，实行仁政，重用贤能，为国家走向鼎盛做出了贡献。夏桀、商纣是有名的暴君和亡国之君，在位期间，重用奸臣、杀害忠良，暴虐荒淫，终究落得国破身亡。同是一国之主，由于为政的策略不同，导致了不同的结果。历史的成败教训是一面有益的镜子，现代人能否广开言路倾听忠言，是事业能否蒸蒸日上的关键所在。

古之士者，国有道则尽忠以辅之，国无道则退身以避之。

【注释】

选自《孔子家语·卷九·正论解第四十一》。道：指好的政治局面。退：退出。

【译文】

古代贤明的人，国家有好的政治局面时，就尽忠心辅佐它；政不通、人不和时则退出躲避它。

【赏析】

儒家有很强的名仕思想，他们的人生终极理想就是治国、平天下。但是如果政治黑暗，就应该避世，等待时机。孔子就是儒家这一思想的身体力行者。在礼乐崩坏的时代，孔子为了恢复先王的礼乐，周游列国，游说国君，却没有被采纳，孔子只好退身以教育为本，成为我国第一个教育家。儒家的“出世”与“入世”的思想，被后来的文人墨客所扭曲，他们不是以国家利益为重，而是以个人得失为重，在功名的利诱下，具有很强的入世欲望，表现出强烈的功名欲；但是功名受挫后，又产生了极强的出世思想，此时他们心灰意冷，只想避世隐居、寄情山水，以求心理平衡。这种“出世” 和“入世”思想早已和孔子思想背道而驰了。

孔子集语

君子不可以不学，见人不可以不饰。

【注释】

选自《孔子集语·劝学》。饰：装饰，打扮。

【译文】

君子不可以不学习，与别人相见不可以不对自己的服饰、容貌稍作整理。

【赏析】

不断学习是修内，打扮装饰是修外，应该内外兼修，二者都很重要。与人相见时，适当的打扮是对别人的尊重，只有自己尊重别人了，别人才会尊重自己。而那些只有渊博的知识而不注重自己外表的人，别人也会厌弃的。在社交频繁的社会里，修饰外表和内心同样对事业的成功起着至关重要的作用。

诵诗读书，与古人居；读书诵诗，与古人谋。

【注释】

选自《孔子集语·劝学》。诗：指我国最早的诗歌总集《诗经》。书：指《尚书》，它是现存最早的关于上古典章文献的汇编。

【译文】

诵咏周朝的诗歌，阅读上古典章，就好像和古人居住在一起了一样；研读上古典章文献，品诵上古诗歌，就好像与古人在一起谋事一样。

【赏析】

《诗经》又名“诗三百”，是我国最早的诗歌总集。作品多是西周至春秋中期的作品，编成于春秋时期，相传孔子曾删《诗》。《尚书》也称《书》《书经》，相传是孔子编定的，但有一些篇章是由后代儒生补充进去的。这两部书被奉为儒家经典。孔子认为当时的社会是礼崩乐坏，一生推崇“克己复礼”，主张社会礼仪应回复到上古时期，又因《诗经》《尚书》都充满了上古时期的人伦道德，故对其备加推崇。所以孔子提倡“诵诗读书”的目的是想以古之礼乐来教化今之百姓。

则好学而不厌，好教而不倦。

【注释】

选自《孔子集语·劝学》。厌：厌恶。倦：懈怠，厌烦。

【译文】

喜欢学习而不厌恶，喜欢教导别人而不厌烦。

【赏析】

这句话是孔子对为人师者的要求。要做好一个合格的老师，必须做到“好学不厌，好教不倦”。人的知识是在不断更新发展，新的事物也将代替旧的事物，如果不努力学习新知识，思想就会落后，新技术就不能掌握，这样低能力的老师是教不好学生的。如果知识渊博但教导学生却没有耐心，同样不是一名合格的老师。学与教是相辅相成的，好学而不好教，使学生厌恶学习；好教而不好学，使学生学不到新的和更深的知识。只有学教结合，二者兼长，才能培养出优秀的学生。

至诚之至，通乎神明。

【注释】

选自《孔子集语·孝本》。至：第一个“至”，释为“极、最”；第二个“至”，释为“到达”。通：通达。

【译文】

最大的诚实，可以通达神明。

【赏析】

孔子提倡孝道，他认为百行孝为先，特别孝顺父母的人将会有神明相助，也能得到别人的信任。大凡孝敬父母的人，对别人也会有一颗诚心，在此孔子从“孝”入手来论证“诚”对为人处事所起的至关重要的作用。提倡“诚信”，使人的道德修养通达极至，这是中华民族至高的美德。

良药苦于口，利于病；忠言逆于耳，利于行。

【注释】

选自《孔子集语·臣术》。逆：不顺，抵触。

【译文】

好药对口来说是苦的，但却能很好地治病；忠诚直率的劝告听起来不舒服，但却能正确指导行为与思想。

【赏析】

人的本性是喜欢听奉承与恭维的话，而不喜欢听批评自己的话。有时候尽管知道这种做法是错误的，但心理上也难以接受。纵观古今，凡是听信那些谄媚之臣的君王，政治不稳定，甚至国破人亡，如商纣王听信妲己，将多次上谏规劝他的忠臣比干剖心，最后落得个国亡身死。凡是重用忠臣的，国家就会兴旺，切记孔子的这个教导吧！远离那些阿谀奉承的小人，亲近那些直言敢谏的忠臣。

孙子兵法

将者，智、信、仁、勇、严也。

【注释】

选自《孙子兵法 · 计篇》。

【译文】

将领必须具备智慧、诚信、仁义、勇猛、威严的品格。

【赏析】

兵家认为，将帅之才非常难得，并不是所有的人都可以胜任的，只有具备了智、信、仁、勇、严等五种素质后才有当将帅的资格。否则没有丰富的作战经验和很好的军事素养，没有综合判断的洞察能力和高人一等的预见能力，是不可能胜任将帅之职的。

主不可以怒而兴师，将不可以愠而致战。

【注释】

选自《孙子兵法 · 火攻》。

【译文】

君主不可以因一时发怒而发动战争，将领不应该因一时怨恨而导致战争。

【赏析】

孙子在这里说明了自己对待战争的慎重观点。他告诫君主及将帅们，战争是极严肃的事情，是不能因自己的主观感情而轻易发动的。他认为，“怒可以复喜，愠可以复悦。亡国不可以复存，死者不可以复生”。如果造成国破家亡的结局，君主及将领就变成他国的阶下囚，那时“怒”“愠”就永远也无法变为“喜”与“悦”了。这种慎战思想，是先秦进步军事思想的具体体现。

守则不足，攻则有余。

【注释】

选自《孙子兵法·形篇》。

【译文】

采取防御是因为兵力不足，采取进攻是因为兵力超过强大敌人。

【赏析】

冷兵器时代，战争胜败的关键在于兵力的多寡。一般情况下，我军兵力不如敌人兵力的，最好采用防御的作战原则，我军兵力大大超过敌人兵力时，最好采取主动出击的方法，以便掌握战争的主动权。但是，也不能一概而论，因为战争的胜负还存在多种其他因素。

故上兵伐谋，其次伐交，其次伐兵，其下攻城。

【注释】

选自《孙子兵法·谋攻篇》。上兵：用兵的上策。伐谋：用谋略战胜敌人。伐交：通过外交活动战胜敌人。其下：用兵的下策。

【译文】

所以，用兵的上策是用计谋战胜敌人；其次是在外交上战胜敌人；再次是出兵打击敌人；下策是攻打城池。

【赏析】

孙子战略主张以智胜敌而不是以力胜敌。他认为战争有上下策之分，能运用谋略不战而胜、把战争消灭在萌芽状态的属于理想目标。但是，不战而胜只有在力量处于优势，势态非常有利，并且主观指导符合客观实际的条件下才能实现。否则，片面强调“谋战”而否定“兵战”，就会陷入不切实际的唯心主义泥淖之中，给自己带来不应有的损失。

知战之地，知战之日，则可千里而会战。

【注释】

选自《孙子兵法·虚实篇》。

【译文】

知道作战的地点，作战的日期，那么就是千里行军也可以去同敌人会战。

【赏析】

“知己知彼，百战不殆。”如果能事先知道作战地区和时间，那么打起仗来对己方是非常有利的。因为可以根据事先了解到的客观实际情况，对作战的地区和作战时间，进行预先的周密计划和部署，才能在战场上获得主动权，即使远在千里之外也可前去参战。

吾所与战之地不可知，则敌所备者多。敌所备者多，则吾所与战者寡。

【注释】

选自《孙子兵法·虚实》。

【译文】

我军在什么地方和敌人交战，如果敌人无法知道，那么敌人就会在许多地方防备我军的进攻。敌人防备的地方多了，那么和我军交战的敌人就少了。

【赏析】

兵家在战争中十分重视“兵不厌诈”这个原则。往往利用声东击西的假象来迷惑敌军，使敌军搞不清楚我军的真实意图，从而使敌人分散兵力把守各地，这就为我军以相对优势各个击破提供了有利的战机，从而取得战争的胜利。这种指挥艺术，可以改变敌我众寡与强弱的形势。

故兵无常势，水无常形；能因敌变化而取胜者，谓之神。

【注释】

选自《孙子兵法·虚实篇》。因：根据。

【译文】

用兵作战没有固定不变的形式，就像水的流动没有固定的形态一样。能根据敌情变化，采取对策而取胜的，叫作用兵如神。

【赏析】

孙子认为，在战争中最重要的法则是要及时制定出合适的对敌策略，从而取胜。因为战争和自然事物一样，都是不断地发展变化的，它不可能一成不变，也没有固定模式。这就要求将帅在复杂多变的战争中，善于依据客观实际，根据变化的敌情，采取灵活多变的作战策略，使用优势以对应敌人这才称得上神机妙算。

故我欲战，敌虽高垒深沟，不得不与我战者，攻其所必救也。

【注释】

选自《孙子兵法·虚实篇》。高垒：高筑营垒。深沟：深挖沟渠。

【译文】

我想交战，敌人虽然有高垒深沟的险要地形，也不得不与我作战，是因我攻击他必须要援救的地方。

【赏析】

孙子认为在异国作战，当以有备攻无备为要旨，速战速决。必须“攻其君主，捣其巢穴，截其归路，断其粮草”。这些都是敌人的要害部位，又是敌人必救的地方，只有这样，才能调动敌人出兵与我决战。

善攻者，敌不知其所守。善守者，敌不知其所攻。

【注释】

选自《孙子兵法·虚实篇》。

【译文】

善于进攻的人，能使敌人不知道怎样防守。善于防御的人，敌人不知道从什么地方进攻好。

【赏析】

善于进攻者与善于防御者在战争中都能掌握主动权。前者往往采取声东击西的手段来迷惑敌人，让敌人摸不清虚实，然后才找到破绽，歼灭敌人。同理，善于防御的人，通过虚虚实实的手段，使攻者不知道自己的底细，从而使对方不敢轻易地进攻。

故善战者，致人而不致于人。

【注释】

选自《孙子兵法·虚实篇》。致人：使人前来。

【译文】

所以，善于作战的人，能调动敌人而不被敌人所调动。

【赏析】

孙子强调，作为一个军事家应该善于在整个战局中掌握主动权，这对之后的作战将十分有利。并且这一战略战术也适用于做其他事情，它能指导人们在做任何事情前，都要做认真细致的调查研究，了解对方情况，明白对方虚实，掌握主动权，才不致于被对方所摆布。

不用乡导者，不能得地利。

【注释】

选自《孙子兵法·九地篇》。

【译文】

不用当地人作向导的，不能知道当地地形的利害。

【赏析】

地利是作战中一个非常重要的因素，能够占据有利的地形在作战中将占据优势，故有利的地形为历代兵家所重视。古代人怎样在利用地形上趋利避害呢？利用地图是一个方法，但重要的是使用当地人作向导，了解哪里险要，哪条路可以迂回，哪条道近等。只有充分地利用了当地向导，了解了地形，打起仗来才能获胜。

视卒如婴儿，故可与之赴深谿；视卒如爱子，故可与之俱死。

【注释】

选自《孙子兵法·地形篇》。深谿：深水，指危险的地方，谿，同“溪”。

【译文】

对待士兵像婴儿一样，则可以使他赴汤蹈火；对待士兵像爱子一样，则能让他和自己同生共死。

【赏析】

将帅治军的一条重要原则就是要爱兵。做到了爱兵，当将帅身先士卒的时候，战士才能与之同甘苦，共患难。只有将帅爱护士兵像爱护自己的孩子一样，战士才能在危难当头冒死前进，来报答将帅平时的恩德。如果没有广大士兵的奋勇杀敌，就不会取得胜利。要想士兵勇敢杀敌，将帅平时就得对士兵进行严格的训练和无微不至的关怀。战国初期的魏将吴起，在治军方面非常有经验，不仅能够做到体察下情，而且还能关心士兵疾苦，还曾亲自为士兵吮疽。所以，他所带的部队具有较强的战斗力。

人即专一，勇者不得独进，怯者不得独退，此用众之法也。

【注释】

选自《孙子兵法·军争篇》。众：军队。

【译文】

军队的行动统一整齐，勇敢的人，不许他单独前进；胆怯的人，不能单独后退。这是指挥军队的重要法则。

【赏析】

在作战中能否取胜也取决于军队的纪律。因为作战是一项集体活动，只有严格的纪律，才能步调一致。春秋时，吴起与秦军作战，有一个勇猛的士兵策马只身前往秦军阵地，并获取两个人头，返回后，吴起马上把他斩首示众。有人进谏说：这是一个勇猛有才的士兵，不要杀他。吴起说：如果任用这样的兵士，就没有军令可行了，以后还怎么打仗。吴起之所以杀此爱将是为了强调战斗纪律的重要。

故用间有五：有因间，有内间，有反间，有死间，有生间。

【注释】

选自《孙子兵法·用间篇》。

【译文】

使用间谍有五种：有“因间”；有“内间”；有“反间”；有“死间”；有“生间”。

【赏析】

一场战争的对决虽然主要是双方将帅智力的决赛，但还存在着很多相关的因素。将帅要制定合适的、正确的战略战术，就必须要有可靠的情报作为依据，所以在战争中，间谍这个人物是非常重要的。间谍分为五种：因间、内间、反间、死间、生间。因间就是利用同乡关系去从事间谍活动。内间是收买敌国的官吏作间谍。反间是收买或利用敌方派来的间谍，使其为我所用。死间是指故意散布虚假情况，让我方逃跑到敌方的人员知道而传给敌方，敌方上当，从而将叛逃者处死。生间是指派往敌方侦察后亲自返回报告情报的人。

智者之虑，必杂于利害。杂于利而务可信也，杂于害而患可解也。

【注释】

选自《孙子兵法 · 九变篇》。

【译文】

明智的将帅考虑问题，总是兼顾到利与害两个方面。在有利的情况下想到不利的一面，事情就可以顺利进行；在不利的情况下也能想到有利的一面，祸患就可以解除。

【赏析】

战争事关全局，一步不慎不仅会满盘皆输，还会人头落地，所以必须谨慎小心、全面考虑。如果只思量到有利和成功的一面，而不思量有害的一面，那么有害的一面一旦发生，必受挫折。孙子的这一作战原则已被统治者广泛使用。魏武帝曹操曾说“在利思害，在害思利，当难行权也”。“愚者冒害以求利，智者见利而思害。”唐太宗李世民更是这一法则的身体力行者，他重用贤臣，从谏如流，能够居安思危，不仅开创了“贞观之治”的局面，而且还为后来的“开元盛世”奠定了基础。

墨　子

染于苍则苍，染于黄则黄。所入者变，其色亦变。

【注释】

选自《墨子·所染》。苍：青色。

【译文】

（丝）染了青色就变成青色，染了黄色就变成黄色。浸染的染料变了，丝的颜色也随之改变。

【赏析】

“篷生麻中，不扶则直；白沙在涅，与之俱黑。”说的就是外界对人的影响力。这是墨子见到染丝后而引发的感叹，通过染丝着色来比喻贤臣与奸臣对君主治国的影响，并列举了大量的历史事例。如齐桓公染于管仲、鲍叔牙，晋文公染于舅舅犯高偃，则统治了天下。而夏桀染于干辛、推哆，殷纣王染于崇侯、恶来，则国破家亡，身为刑戮。所以，统治者一定要任用贤能的人，“近贤人，远小人”，这样才能使自己不犯或少犯错误。从臣君关系推及到生活在社会这个大染缸里的普通百姓身上，他们时时刻刻受着社会的熏染，所以创建一个健康的社会环境是至关重要的。如果大家能有意识地建设一个良好的教育与生活环境，逐渐改变自己不良的生活习惯，便是为自己拥有良好的思想品德做准备。

君子自难而易彼，众人自易而难彼。

【注释】

选自《墨子·亲士》。自难：严以律己，难为自己。易彼：宽以待人，放宽别人。众人：普通人，庸人。

【译文】

贤明的人对待自己很严格，对待别人却很宽松。平庸的人则宽容自己而苛求别人。

【赏析】

君子常常以“严于律己，宽以待人”的标准来提高自己的修养。他们对自己严格要求，从难从严；而对待别人却比较宽容，因而自己进步很大，“是故为其难者，必得其所欲焉”；而那些修养不高的人遇事却总爱责怪别人，所以自己老是止步不前，“未闻为其所欲，而免其所恶者也。”这一思想在孔子及儒家学说中也得到了充分的体现，它成为贤明人士的座右铭。

名不可简而成也，誉不可巧而立也。

【注释】

选自《墨子·修身》。简：简单、轻易。巧：取巧、弄巧，欺诈伪装。

【译文】

名声不会轻易简单地得到，荣誉也不能靠欺诈伪装来赢得。

【赏析】

美好的名声不是随便就可以成就的。那些不做实事，只会夸夸其谈的人，只会让人们对他产生讨厌和反感；那些仅有一点成绩，就夸大自己功劳的人，不会得到众人的信服。要想得到大众的认可，就要埋头苦干、脚踏实地，并且要懂得谦逊做人的道理，这样才能取信于民，才能名扬天下。所以，名誉靠投机取巧是得不来的。当然沽名钓誉者也是存在的，但这些虚假不会得到人民的认可，最终也只能是“雁过无痕”，什么也没有留下。

志不强者，智不达。

【注释】

选自《墨子·修身》。

【译文】

志向不坚定的人，其智慧就不能得到充分的发挥。

【赏析】

远大的志向和积极的行动有着相辅相成的关系。一个人要想成就一番事业，就必须有坚持不懈、努力奋斗的精神。如果没有切实的行动，再好的志向也是空谈。许多大成就，都是志向与勤奋相结合的结果。常言道：“有志者事竟成。”

爱人者，人必从而爱之，利人者，人必从而利之；恶人者，人必从而恶之，害人者，人必从而害之。

【注释】

选自《墨子·兼爱中》。从：跟从，引伸为效仿。恶（wù）：憎恶。

【译文】

凡是爱别人的，别人也必定跟着爱他，给别人好处的，别人也必定给他好处；憎恶别人的，别人也必定跟着憎恶他，损害别人的，别人也必定跟着损害他。

【赏析】

墨子在此强调了“兼相爱，交相利”的观念。他认为世间的许多事情，不论是感情，还是利益，彼此间都存在着一种相互交换的关系。在与人交往中，用一颗博爱真诚之心去爱别人，那么你就会得到他们的认同。为别人做一些有益的事，这样就会得到别人善意的并且有利于自己的回报。相反，在与人交往中，如果只顾自身的利益、安危，置他人于不顾，甚至是不择手段、巧取豪夺，那么也会得到应有的报应。这就是损人者亦不利己。总之，与人交往，不要抱怨，要学会付出，才会得到回报。

言必信，行必果，使言行之合，犹合符节也，无言而不行也。

【注释】

选自《墨子·兼爱下》。合符节：古代符节，以竹制成，长六寸，诏令兵符，皆以此为信。用的时候，剖之为二，每方各持一半，合在一起的为信。

【译文】

言出必守信，行为要果断，使他们说的和做的放在一起，就像符节一样的符合，没有一句话不实行的。

【赏析】

这句话体现了墨子提倡的言行一致的观点，实际上也就是做人要讲求仁义，要诚信为本。不但口讲仁义，还要身体力行，只有这样才能取信于民，以仁义之道修身养性，治理国家，建立个人与他人、个人与社会之间的理想秩序。这种思想不仅在几千年前提倡，在当代的社会主义文明建设中更应积极提倡。只有使每一个公民做到言行一致，言而有信，社会才能有良性的发展和进步。

万事莫贵于义也。

【注释】

选自《墨子·贵义》。

【译文】

万事没有比义更为贵重的了。

【赏析】

这句话短短七个字，却铿锵有力地表达出了做人要以“义”为根本。义是士人立命立身之本，是存在于身体内的思想道德修养，在某种意义上，它比身体更重要。所以墨家的“贵义”思想，同儒家的“修身”相近，都是强调人的思想道德修养，特别是士大夫阶层的思想道德修养。

瞽不知白黑者，非以其名也，以其取也。

【注释】

选自《墨子·贵义》。瞽（gǔ）：瞎子，盲人。取：择取，辨别。

【译文】

盲人不知道黑白，不是因为那名称，而是实际的辨别。

【赏析】

这句话体现了墨子“实先名后”的思想。墨子认为没有具体的感性认识做为基础的抽象概念，不算是对事物的真正认识。因为名是由实来决定的，只有对客观的存在（即“实”）有了真实的认识，才能对“名”有深切的体会。墨子“实先名后”的思想，肯定了认识对象的客观实在性，将认识的外部世界看作是独立的存在，在认识论上坚持了唯物主义的观点。

天必欲人之相爱相利，而不欲人之相恶相贼也。

【注释】

选自《墨子·法仪》。欲：希望。相恶相贼：恶，恨；贼，害。

【译文】

上天希望人们互相友爱互相帮助，而不希望人们相互仇恨相互残害。

【赏析】

这两句话充分体现了墨子“兼爱”“非攻”的思想。一般认为墨子是“农与工肆之人”的代表，这些人在政治和经济上都是低微而弱小的，在弱肉强食的社会里，找不到保护自身利益的力量，于是就虚构了“天”，用天的意志、意愿来表达自己的想法和希望。天之所欲所恶，就是以墨子为代表的农工阶层的所欲所恶。墨子希望天下所有的人都能相亲相爱，共同创造美好家园。

爱人利人者，天必福之；恶人贼人者，天必祸之。

【注释】

选自《墨子·法仪》。恶人：坏人、凶人。

【译文】

爱护他人，有利于别人的人，天一定会降福于他。仇视他人，残害别人的人，天一定会降祸于他。

【赏析】

“天”就是人民，只有爱人民、利人民，人民才会爱戴他，福也会降临在他的身上。反之，那些仇视人民、残害人民的人，人民必然会奋起反抗，推翻他的统治，大祸也必然降临。如上古时期的贤明君主大禹、商汤、周文王等，他们以维护百姓的利益为己任，为民请命、万死不辞，因此人民爱戴他们，拥护他们，从而使得国家繁荣昌盛。而那些暴君如夏桀、商纣王、周幽王等，他们对人民实行暴政，搜刮民脂民膏，人民终于不堪忍受其辱，起来推翻其统治。所以，他们所得到的福祸，不是世外神仙降给他们的，而是由人民的爱憎造成的，这里表现了墨子人民性的思想。

以德就列，以官服事，以劳殿赏，量功而分禄。

【注释】

选自《墨子·尚贤上》。以：按。殿：评定。分：同“颁”。

【译文】

按品德安排官位，按官级担任相应的职务，按功劳评定奖赏，按功劳大小来颁发俸禄。

【赏析】

这几句话表达了墨子对任用人才的看法，其中不但包括了对人才的品评，还包括了一些赏罚原则。因为贤者的德能不同，官职大小也应不同；官职不同，

【山庄图】卷 局部［宋］李公麟 中国台北故宫博物院藏 54－3

【山庄图】卷 局部 [宋] 李公麟 中国台北故宫博物院藏 54-3

所做的事也应不同。如果大才小用或小才大用，就会给国家造成危害。所以，对他们的任用应以品德、才能作为标准，从而分配相应的职位。对于工作出色者应给予奖赏和提升。这种对人才的赏罚措施有利于发挥人才的工作积极性，至今值得借鉴。

国有贤良之士众，则国家之治厚；贤良之士寡，则国家之治薄。

【注释】

选自《墨子·尚贤上》。厚：坚实。薄：薄弱。

【译文】

国家拥有贤良的人多了，那么国家的统治就会坚实；贤良的人少了，那么国家的统治就会薄弱。

【赏析】

人才是国家的根本，因此，能够崇尚和重用人才则是国家兴盛的保障。在此，墨子把国家中人才的多少与统治的安危联系在一起，从中告诫统治者，要想国泰民安，就得广纳贤才。这一尚贤思想为后来人才概念的发展演化打下了基础。

故古者圣王甚尊尚贤而任使能，不党父兄，不偏贵富，不嬖颜色。

【注释】

选自《墨子·尚贤中》。党：同伙。偏：不正，偏向。嬖（bì）：同“爱”，贱而得宠的叫做嬖。

【译文】

所以，古代的圣王很尊崇贤人而任用能人，不与父兄结党，不偏向富贵，不爱恋美色。

【赏析】

春秋战国之前，奴隶制王朝一直推行的是宗法式的世卿世禄制，朝中的官员只能在与王者有血缘关系的亲族中选用。在此，墨子一反成规，提出了不党父兄、不偏富贵、任人唯贤的选举原则，从而打破了宗法制度任人唯亲的选举原则，扩大了选任范围，直接否定了宗法制度和各级贵族做官的特权。这种任人唯贤的选举制，后来被历代明君所采用。它不仅有明显的进步性，还具有重要的现实意义。

诽之可否不以众寡。说在可非。

【注释】

选自《墨子·经下》。诽：作批评讲。非：反对。

【译文】

批评的正确与否，不以批评的多少来衡量，这可以从被批评者的反驳加以证明。

【赏析】

在这句话中，体现了墨子对评判是非功过的标准的看法，带有一定实事求是、批评与反批评的意味。他认为，确立一个人或一件事的正确与否，不是看它受到的批评有多少，而应看这批评是否符合客观实际，是否中肯。批评者是否能够被被批评者驳倒，即讲求批评的质而不是量，因为有的人在批评别人的过程中，往往并没有完全了解事物的真相，或是人云亦云，或是心怀鬼胎，所以其批评就带有偏激性。因此，我们必须坚持以科学的态度真诚而客观地去评判事物，这样不但帮助了他人改正错误，同时亦提高了自己。

彼举然者，以为此其然也，则举不然者，而问之。

【注释】

选自《墨子·经说上》。然：不错的，对的，正确的。问：追究，责问。

【译文】

有人举出事物的正确方面，认为事物就是这样，而有人指出事物不是这样的，就去追究。

【赏析】

这几句话体现了墨子科学的求证观。墨子认为，要想知道事物的正确与否，最好用“非”的一面对它进行不断的评判、订正，即用反证法来得出正确的结论。同时，对于别人提出的异议，要认真对待，从别人的异议中提出有利于自己的证论，才能使自己的论证得到巩固。如果找不出有利于自己的论证，就说明自己的观点是错误的。科学研究要的就是求是，求正。

孝，以亲为芬而能能利亲。不必得。

【注释】

选自《墨子·经说上》。亲：指父母。芬：同“份”。能能利亲：指能兼利双亲。

【译文】

孝，把侍奉父母当作自己份内的事才能兼利父母，而不必非要得到爱双亲的名声。

【赏析】

“孝”是中国传统伦理道德中一个重要的概念，亦是中华民族的传统美德。它对于社会人伦、家庭观念以及政治统治的巩固都起到了非常重要的作用，为历来统治者所提倡。墨子在此提倡的“孝”也具有社会功利的思想，他认为孝不仅是孝顺父母，而且还关系到国家贫富、人民众寡、社会治乱。但这句中却也包含自己对“孝”的理解，不仅体现出了他一直所提倡的“兼利”的思想，亦表达出了行孝要重在对父母有孝心，而非只徒有孝顺之名的思想，这对于后世行孝具有教育作用。

所为不善名，行也；所为善名，巧也。

【注释】

选自《墨子·经说上》。善名：此指沽名钓誉。巧：巧诈。

【译文】

所作所为不是为了钓取美名，才是品行高尚的；所作所为只是为了沽名钓誉，这是行为巧诈的。

【赏析】

修身养性、提高德行不仅是儒家的修身法则，亦是墨家的重要思想。墨家认为每个人在社会上的行为都应以他人为重，不注重功利，不计较个人名利，更不能沽名钓誉。否则，就只能是欺世盗名之徒，与盗贼没什么两样。这是墨家注重实践功利的反映，并以此区别于儒家注重形而上学的修身原则。

且用工而后已者，必用工而后已。

【注释】

选自《墨子·经说下》。工：通“功”。已：成功，成材。

【译文】

那些靠后天用功才能成才的人，必须努力才能成功。

【赏析】

人天生聪明固然好，但天生的聪明却是可遇不可求的，然而它却可以通过后天的学习得到。要想后天成才的人，只要坚持不懈地努力，就能使自己变得聪明能干，进而成就一番事业。如果自暴自弃，认为自己天生脑袋比别人笨，就只能一事无成。同样，那些先天聪明的人，如果后天不努力也会落到别人后面，从而不能成就自己的事业。王安石《伤仲永》的故事就是很好的例子。

取高下以善不善为度。

【注释】

选自《墨子·经说下》。高下：指地位的高低。

【译文】

一个人地位的高低应该用善与不善来衡量。

【赏析】

墨子在此提出，评价一个人地位的高低并不能只看其在社会上的地位和是否拥有金钱、名利，而是应该看这个人的品德。他也许高官厚禄，但未必是善良之人，也未必能获得人们的尊敬。就像高山一样，不是所有的高山，人们都去敬拜它。那些地位卑贱的人，也有许多因为品德高尚而得到世人敬仰的，就像水处在高山下面一样，柔弱可亲。由此，作者说明了善与不善到处都有，随处可见，“善”不是地位高贵的人的专利，“不善”也不是地位卑贱的人的标识。由此可知，选用人才不能看他地位的高低，而要切实的看他本人的德行和才能。

鈞者之恭，非为赐也；饵鼠以虫，非爱之也。吾愿主君之合其志功而观焉。

【注释】

选自《墨子·鲁问》。鈞（diào）：同“钓”。恭：恭顺。虫：通“蛊”，毒。志：主观意象。功：客观实效。

【译文】

钓鱼人的恭顺，并不是为了给鱼以恩；下毒药喂老鼠，并不是爱它们而给好吃的。希望君主能结合人的主观动机和客观效果来观察人。

【赏析】

墨子在此以鱼和老鼠为例，从主客观两个方面向君主阐明了考察任用人才的标准。告诫君主不能只凭客观表现出来的恭顺与仁爱作为选用人才的凭据，还应考察主观动机，是否在恭顺背后藏着钓鱼的目的，在仁爱后面藏着杀伐的动机。这就是所谓的“口蜜腹剑”“知人知面不知心”。这一选用人才的思想，至今令人玩味。

吴子兵法

用兵之害，犹豫为大；三军之灾，生于狐疑。

【注释】

选自《吴子兵法·治兵第三》。

【译文】

指挥作战时，犹豫是最大的危害；军队遭受覆灭溃败的灾祸，是由于指挥时疑虑太多。

【赏析】

这里强调了将帅在军事指挥中的重要作用，调兵遣将贵在神速，决断之际要果决勇敢。用兵打仗应提倡行动迅速，战场之上形势千变万化、瞬息即变，一旦行动受阻、出击不利，便会贻误战机，造成不必要的损失。但在采取快速行动之前，将帅更应尽量把问题考虑周全，树立必胜的信心，消除狐疑的心理障碍，这样就不会给军队带来灾难性的后果。

凡战之要，必先占其将而察其才。因形用权，则不劳而功举。

【注释】

选自《吴子兵法·论将第四》。因形：表现于外部的形貌。权：因势制宜。

【译文】

一般作战的要诀，一定先弄清敌方将领，观察他的才能，通过由表及里地分析判断确定相应的对策，就会不十分费力而大功告成。

【赏析】

两军对垒，人马、装备虽都起重要作用，但很多时候，心理战却比人战的作用来得更加神妙。而攻心先得知心，所以，敌将的性格和精神上的缺陷，正是谋攻的突破口。“因形用权”在于深入研究敌军，研究敌军的装备、研究敌军的战术，更要研究敌军思想组织领域里的裂隙和敌将用兵的习惯及才能。根据具体情况，及时调整自己的作战方案。做到了知己知彼，自然百战不殆。

勇者必轻合，轻合而不知利。

【注释】

选自《吴子兵法·论将第四》。勇者：指有勇无谋的将领。轻合：谓轻率地与敌人交战。

【译文】

有勇无谋的将领，一定会轻率地与敌人交战，轻率出战是对自己不利的。

【赏析】

运筹帷幄之间，决胜于千里之外。对敌作战，谋略非常重要，作为主将一定要研究敌情、制定了周密的计划后再出兵，千万不可贸然行事。春秋时期，晋楚两国争霸中原的一次决定性战争——城濮之战，就是这一作战原则的很好战例。从当时双方军力对比来看，楚军兵力明显超过晋军，因此楚帅子玉便认为此战必胜，所以便掉以轻心，再加上他狂妄自大、心浮气躁、急于求成的性格弱点被晋文公牢牢抓住，所以当晋国采用先退避三舍，继而以诈败诱敌深入的计谋时，便直接地导致了楚军连丧左右两军，楚师败绩的结局，最终晋文公取得了这场战争的胜利。

列　　子

良弓之子，必先为箕；良冶之子，必先为裘。

【注释】

选自《列子·汤问》。弓：指作弓的人。箕：古代用以簸粮食的器具。冶：指冶炼工匠。裘：毛在外的皮衣。

【译文】

善于制造弓箭的工匠之子，必须先从编织簸箕开始；善于冶炼的工匠之子，必须从连缀皮裘开始。

【赏析】

万丈高楼平地起。不论是学习文化知识还是精巧的技艺，一切都得从一点一滴的积累开始。列子这句话用了两个形象生动的比喻，说明了基础的重要性。如果工匠的儿子不从编织簸箕学起，不从连缀皮裘练起，将来怎么能像他们的父辈一样拥有高超的技艺呢？这就如同盖楼一样，没有坚实的基础，就不可能有富丽堂皇的大厦。同样，学习也需要牢固的基础，要想有朝一日成才，就要从基本知识和技能的训练开始，切忌好高骛远，更不可半途而废，只有坚持不懈地努力才能收获丰硕的成果。

商　君　书

疑行无成，疑事无功。

【注释】

选自《商君书·更法》。

【译文】

行动迟疑不决，不会获得成功，做事举棋不定，不会取得功绩。

【赏析】

这是商鞅鼓励秦孝公变法图强时说的一句话，表明了商鞅对于变法的信心和自身能力的信任。为了进一步说明“疑行无成，疑事无功”，他引用了一句谚语，谚语的大意是：愚蠢的人往往在事情已经做成时还不理解，而明智的人却在事情还没有端倪时就已洞察到了事情的结局。对于平庸的人，不可同他们商量一件事业的开始，只可以同他们一起分享事业的成功。就是说在做任何一件事情前，应具有前瞻性和果敢性，一旦决定下来，剩下的就只能是勇往直前。

国以功授官予爵，此谓以盛知谋，以盛勇战。

【注释】

选自《商君书·靳令》。盛：充足。

【译文】

国家论功劳授给官职，予以爵位，这种方法可以刺激人们尽力为国家谋划，为国家战斗。

【赏析】

为了富国强兵，商鞅在变法时颁布了众多的新型法律条文，这些新的法律条文受到了百姓的一致拥护。这两句便是其中一项，即奖励军功、任人唯贤。它打破了原来的世卿世禄制，使那些出身卑下的士人能够凭借自己的智慧和才干得到任用和赏识，这种现实的官职和荣誉将激励更多的士人愿用自己的智慧为国家谋划，鼓起勇气为国家效力。这种奖赏制度，从主观上讲，是个人得到了官职和奖赏；但从客观上讲，却能够使国事从浮夸到务实、从繁琐到简省。国家有了能人、贤士、勇者的帮助，才能得以大治。

凡人臣之事君也，多以主所好事君。君好法，则臣以法事君；君好言，则臣以言事君。

【注释】

选自《商君书·靳令》。事：侍奉。好（hǎo）：喜欢的。

【译文】

大凡做人臣的侍奉君主，多以君主的喜好来为君主服务。君主重视法治，那么端正贤良的人就为君主服务；君主喜欢甜言媚语，那么讨好奉承的人就来靠近他。

【赏析】

这两句是商鞅向秦孝公表达的劝谏之言。他在此提醒君王，朝廷之中有许多“贤才”，既没有能力又没有道德之心，为得到提拔与重用，为了获取自身的利益，便以君主的喜好来讨取君主的欢心，靠花言巧语迎合君主来骗取名誉。其结果导致了任用官吏没有正常的制度，国家变得混乱不堪，人民也不能专心致力于生产。如果君主没有发现，并且还越来越宠信这些佞臣，那么这些讨好君主以谋取官职的人会更多，做实务的人就会越来越少，所以这种“贤才”君主一定要当心。

公私之分明，则小人不疾贤，而不肖者不妒功。

【注释】

选自《商君书·修权》。疾：厌恶，憎恨。不肖：不贤。

【译文】

公事私事分得很清楚，那么小人就不会憎恨贤人，而不贤的人也不会妒忌有功的人。

【赏析】

我们现在常说，依法治国必须做到有法必依、执法必严、违法必究。其中的“执法必严”就是管理国家必须要坚持公正无私的办事原则，不屈从和偏袒少数人，只有这样，国家的制度才会顺利地推行。《尚书·洪范》中“无偏无私，王道荡荡”赞扬的是上古明君尧、舜在治理天下时，不把天下作为私利让位于自己的儿子，而是推荐能人、评定贤者、传授权位。他们的行为是为了国家和人民的利益，因而贤人纷纷出仕，辅佐君王治理国家，人民争先恐后地建功立业。也正由于尧、舜公正无私的用人原则，那些小人也就没嫉妒贤人的理由。商鞅认为尧舜用公平无私赢得了人民信赖和归顺，出现了上古时期的太平盛世。所以秦国要想富国强兵、统一天下，就必须效法古代圣贤。

民之于利也，若水于下也。

【注释】

选自《商君书·君臣》。

【译文】

百姓对于利益的选择，就像水向低洼处流一样。

【赏析】

这两句是商鞅劝诫君主要以身作则的话。只要和自身利益相关，百姓就肯舍命去干，因此，君主就要针对百姓对利益的追求心态，采取正确的引导和教化。例如：君主如果凭战功给予奖赏和荣誉的话，百姓就会努力作战；君主如果凭学习诗书的成绩给予奖励的话，百姓就会努力地学习诗书。当然，这些都是好的方面。不过现实中许多人的行为却有着盲从性，许多时候他们都是以地位高的人的喜好作为自身行动的指导。君主如果喜欢奉承的话，让那些阿谀之人得利，那么百姓也就会效仿，不做实事而去阿谀奉承权贵以获取自身的利益。由此可见，君主的倡导和奖励对百姓的教化起着非常重要的作用。所以说，为政者的一言一行都会给社会造成很大的影响。

庄　子

故夫知效一官，行比一乡，德合一君，而徵一国者，其自视也亦若此矣。

【注释】

选自《庄子·逍遥游》。知：同“智”。效：胜任。比：合，此指亲近、团结。徵：信，取信。

【译文】

因此，那些才智可以胜任一官之职的人，行为可以合乎一乡风俗的人，道德可以投合一君心意的人，而且能取得一国信任的人，他们往往自以为是。

【赏析】

一些人凭借自己的智慧，来获取官职，虽然其品行能力都已超越常人，并取得君王和百姓的信任，但是他仍像小麻雀一样，带有世俗的功利心，自以为是，最后只图得个浮名虚誉而已。如果他们能把那些功名利禄摒弃，做到超越世俗，就能在无名、无功、无己的意识中，达到道德的至高境界。

若夫乘天地之正，而御六气之辩，以游无穷者，彼且恶乎待哉！故曰：至人无己，神人无功，圣人无名。

【注释】

选自《庄子·逍遥游》。正：指万物自然本来之性。御：驾御。六气：阴、阳、晦、明、风、雨。辩：同“变”。无穷：指空间和时间的无限。恶（wù）：疑问代词，如何，怎么。无已：忘记自我而达到纯乎自然的境界。无功：不求功利。无名：不求名位。

【译文】

那些能顺着天地自然本性，驾驭六气的变化，以此来遨游于无穷宇宙的人，他们还有什么可期待的呢！所以说：至上的人能随顺自然达到忘我，神人不求功利，圣人不求名位。

【赏析】

庄子的人生哲学在这句话中得到了充分体现，他一生追求的不是功名利禄、权势尊位等世俗的东西，而是摒弃俗心，追求精神上的解脱，可以达到“御风而行”的至高境界。所以他崇拜至人的境界，是因为至人掌握了自然规律，能与万物相互感通、融和，从而达到精神的自由自在。庄子极力推崇神人、圣人，神人、圣人已摒弃了世俗的价值观，不为名不为利，与自然相融合，达到道德的最高境界。所以“无已”“无功”“无名”是对人物合一的一种肯定，既承认自我的生存价值和个性自由，也必须肯定他人的生存价值与人格尊严。

庖人虽不治庖，尸祝不越樽俎而代之矣。

【注释】

选自《庄子·逍遥游》。庖人：厨师。尸祝：古代祭祀时对尸主持祝告的人。尸，祭祀时，因神不可见，所以用熟悉礼仪的少年为替身，称之为“尸”。祝，手持祝版向“尸”祝祷的人。樽：盛酒的器皿。俎：古代祭祀或宴会时用来盛牲的礼器。

【译文】

厨师即使不烹煮食物，主持祭祀的人也不能超越自己的职能而去代替他。

【赏析】

尧想禅位于许由，许由用此话来推辞，他认为自己对于治理天下毫无用处，所以不愿接受尧的禅让。后来经过演变，到如今已经变成了一个成语“越俎代庖”，但意思完全相反，比喻那种超越自己职权范围而插手别人所管领域的人和事。

大知闲闲，小知间间，大言炎炎，小言詹詹。

【注释】

选自《庄子·齐物论》。闲闲：悠闲自得的样子。间间：仔细分别的样子。炎炎：盛气凌人的样子。詹詹：絮叨啰嗦。

【译文】

聪明绝顶的人悠闲自得，小聪明的人斤斤计较；善于雄辩的人盛气凌人，拙于言辞的人唠唠叨叨。

【赏析】

聪明的人往往自恃聪明而目中无人，做事总是以我为中心，听不进别人的半点意见。那些自以为聪明的人，总是把个人利益看得很重，做事斤斤计较。善于辩论的人整天攻心斗智，劳心伤神，争辩不休。不善言谈的人做起事情来则拖泥带水。这四种人虽对社会不能造成很大危害，但也无法处理好人与人之间的关系，所以这四种人应不断地反省自己，改正自己的缺点，努力改善人际关系。

物无非彼，物无非是。自彼则不见，自知则知之。

【注释】

选自《庄子·齐物论》。彼：从他物的角度看。

【译文】

世间万物没有不是“彼”的，没有不是“此”的。从“彼”的角度看不见“此”，从自身的角度来看就会知道它。

【赏析】

“彼”与“此”，“是”与“非”的关系普遍地存在于世界上的万事万物之中，它们相互依存又相互转化，所以对于万事万物的评判是没有永久的、终结和全面的结论。这和是非来自于人的成见道理一样。因为每个人都有自己的成见，都有自己的一套是非标准，肯定别人或否定别人，这种肯定与否定从事物的本性来说是片面的。所以我们不以个人的偏见和好恶去处理事物，判断事物，应从事物的本性出发，洞察事物的本来面目，这样得出的结论才公正合理。

天地一指也，万物一马也。

【注释】

选自《庄子·齐物论》。

【译文】

天地可以归结为一个名称，万物也可以用一个“马”的名称来指代。

【赏析】

在庄子看来，世界万物都是一样的，没有彼此你我之分，那些美与丑、好与坏都出自人的主观成见，没有统一标准，应该取消事物的对立性，用一个名称总括起来，给予它们自由发展的空间。因此，做任何事都应遵从事物的发展规律，不以主观成见评判事物的曲直，不改变事物的本来面目，保持事物的自然属性，任其自由发展，将个人的私心成见全部摒弃，使万物都保持自己的本色。

天地与我并生，而万物与我为一。

【注释】

选自《庄子·齐物论》。

【译文】

天地与我共存，而万物与我合为一体。

【赏析】

人与物合二为一时，人的精神也就彻底解脱，由此心胸也就开阔，思想也就变得豁达。如北宋政治家范仲淹被贬到岳州第二年就写了著名的《岳阳楼记》，他把自己的情感与景物融合在一起，由景生情，由情议论，文中“不以物喜，不以己悲”，“先天下之忧而忧，后天下之乐而乐”正是他政治抱负的体现，也是他胸怀宽广的写照。北宋欧阳修写的《醉翁亭记》，把山水、禽鸟、醉翁、醉翁亭融为一体，“醉翁之意不在酒，在乎山水之间也。山水之乐，得之心而寓之酒也”，拉近了物和人的距离，使叙述、描写与抒情都融入说明的句式中。因此人们只要做到与天地并生，与万物合一，即使因外物而带来的私欲再多争斗再大，也都会自然而然地泯灭。

吾生也有涯，而知也无涯。

【注释】

选自《庄子·养生主》。涯：水边，这里指事物的终极。知：知识。

【译文】

人的生命是有限的，而知识是无边无际的。

【赏析】

人的生命有限，却用它去追求无限的知识，其结果只能是身心疲乏，尤其是在身心不堪重负的情况下，却仍然不肯放弃所谓的追求，那就极其危险了，这不符合养生之道，这是庄子的本意。但任何事物都有正反两面性，如果我们尊重了庄子“无为”的养生之道，虽然满足了身体需要，但是他的一生却是在无知中度过的。我们要想活得充实而有意义，就应活到老学到老，既要珍惜有限的生命和时间，又要多学知识来充实自己。

为善无近名，为恶无近刑。

【注释】

选自《庄子·养生主》。名：名号、名分。刑：刑罚。

【译文】

为善勿为求名之善，为恶勿为遭刑罚之恶。

【赏析】

顺其自然，当止则止，这是我们做事情的原则。如果“为善”到了求名的地步，就会劳心、劳力，“为恶”到了遭受刑罚的地步，则伤人伤己。所以人生在世既不为“为善”而奔波，也不为“为恶”而伤身，若想身闲自得，就要调节好“善”“恶”。这里不仅表现了庄子养生与处世的根本原则，也说明了物极必反的自然属性。

汝不知夫螳螂乎？怒其臂以当车辙，不知其不胜任也，是其才之美者也。

【注释】

选自《庄子·人间世》。怒：奋力，奋力举起。当：同“挡”。车辙：车轮碾出来的痕迹，此借指车轮。是：自以为是。

【译文】

你不知道那螳螂吗？它奋力举起臂膀去阻挡车轮，却不知道它的力量不能胜任，正是其自以为自己的才能很高的缘故呀。

【赏析】

螳螂奋臂挡车，尽管拼尽全力，也难免身死车下，庄子用此来比及人类，喻示人做事要有自知之明，凡事都要量力而行，如果不顾及力量对比悬殊逆势而动，或者有意显示或夸张自己的力量，必然会遭到像螳螂一样粉身碎骨的下场，从古到今，这样的例子很多很多。后来这则寓言浓缩为成语“螳臂当车”，用以比喻那种不自量力，冒险逞能而招致灭亡的做事方法。

天下尽殉也，彼其所殉仁义也，则俗谓之君子；其所殉货财也，则俗谓之小人。

【注释】

选自《庄子·骈拇》。

【译文】

天下人都牺牲了，那些为仁义而牺牲的，世俗称之为君子；那些为货财而牺牲的，世俗称之为小人。

【赏析】

为“仁义”牺牲也好，为“货财”牺牲也好，在庄子看来，这都是对人生命的扼杀，出于对生命的悲悯，他提出了反战的主张，认为生命应高于仁义。庄子的这一主张与西方现代反战观点有一共同点，就是反对战争本身，而不是反对正义与非正义的战争，他们站在生命尊严的基点上，向人类不断地提示着自己的目的，使生命之旗高高飘扬，使人类不要因为战争而毁灭自己。

知其愚者，非大愚也；知其惑者，非大惑也。大惑者，终身不解；大愚者，终身不灵。

【注释】

选自《庄子·天地》。惑：疑惑。灵：智，觉悟。

【译文】

知道自己愚笨的人，并不是愚笨的人；知道自己糊涂的人，不是糊涂的人。最糊涂的人，一辈子也不能解除迷惑；最愚蠢的人，到死也不会觉悟。

【赏析】

真正聪明的人是能够知道自己的愚笨之处的，卖弄、炫耀技巧或智慧，哗众取宠，这样的人才是最愚蠢的，而且最可怕的是他们终身不觉悟，始终自以为是。这种才是既无利于社会，又不利于自己的愚者。

知者不言，言者不知。

【注释】

选自《庄子·天道》。言：指华而不实的语言。

【译文】

真正认识到事物精髓的人，不夸夸其谈，那些夸夸其谈的人，没有真正了解到事物的真理。

【赏析】

庄子认为，知识和事物的精妙之处，是无法用语言文字表达清楚的，若想真正理解其宗旨，必须用心去领会。“道”存在于虚无之间，是只可意会，不可言传的，真正的“道”是根本不可能从书本典籍中学到的，只有靠自己亲身去体验。后人用这句话来说明一知半解而夸夸其谈的人是无知的人。

吾又奏之以阴阳之和，烛之以日月之明；其声能短能长，能柔能刚，变化齐一，不主故常。

【注释】

选自《庄子·天运》。

【译文】

我又用阴阳的和谐来演奏，用日月的光明来照耀。它的声调可以短促，可以悠扬；可以柔和，可以刚强；变化有规律，不墨守成规。

【赏析】

庄子在这里描写了一曲悠然动人的音乐，从而把通感的艺术推向了顶峰。在这里，声音流采，清浊分明，使人的五官及身心在声与色、光与影、刚与柔、快与慢的和谐中一起律动，随着人与音乐的融合，其通感就可达到无所听而无所不听的最高境界。身随声音而动，心随节拍而动，把周围一切全部都忘掉了，只剩下幻想。

众人重利，廉士重名，贤士尚志，圣人贵精。

【注释】

选自《庄子·刻意》。廉：正直、方正。精：纯粹之极，此指精神。

【译文】

众人看重利益，廉洁正直的人看重名声，贤达的人崇尚志向，圣人推崇精神。

【赏析】

一个人的道德修养在对名与利，志与精的不同追求上得以体现。在名与利面前，往往是小人看重物质利益，在物质利益的作用下，不顾气节，不顾廉耻，一味追求。而那些修养高的廉洁之士，则看重的是气节和名誉，甚至为此而失去利益、生命。

南宋爱国将领文天祥在《过零丁洋》中即表现出了一种廉士的风采，他的“人生自古谁无死，留取丹心照汗青”流传百世。

不为轩冕肆志，不为穷约趋俗。

【注释】

选自《庄子·缮性》。轩冕：轩，高大的车子。冕，古代大夫戴的帽子。这里指代身居高位。肆志：快意、纵情。约：少，穷。趋：趋赴。俗：流行的习俗。

【译文】

不因享有高官厚禄而放纵肆情，也不因穷苦拮据而趋附世俗。

【赏析】

庄子认为人的身心修养不能达到一定高度，就做不到“不为轩冕肆志，不为穷约趋俗”。低俗之人，为追求身外之物而使自身受到连累，趋同于世俗而迷失了本性的人，虽然似乎也有心满意足的时候，但他们获得的快乐并不牢靠，所以不能随顺自然、乐观豁达地生活。

察乎盈虚，故得而不喜，失而不忧：知分之无常也。

【山庄图】卷 局部［宋］李公麟　中国台北故宫博物院藏

【山庄图】卷 局部 ［宋］李公麟 中国台北故宫博物院藏 54-4

【注释】

选自《庄子·秋水》。察：仔细检查，详审。盈：满的。虚：空的。

【译文】

详查那事物的盈虚是可以相互转化的，所以得到了也不欢喜，失去了也不忧伤；是因为知道了得到与失去是不会永恒的。

【赏析】

任何事物都存在有对立面，而且这种对立是可以相互转化的，这如同我们看到月亮在一个月内出现的月缺与月满一样，所以庄子说“故得而不喜，失而不忧”，这一思想与老子的祸福相依的思想同出一辙。古今中外许多成大事者，是因为他们掌握了事物所具有的相对性和可转化性的原理，在成功之时不骄傲张狂，失意之时不气馁沮丧，真正做到了得意淡然，失意泰然。

以道观之，物无贵贱；以物观之，自贵而相贱；以俗观之，贵贱不在己。

【注释】

选自《庄子·秋水》。

【译文】

从道的观点来看，事物本无贵贱；从事物自身的观点来看，总是自己看重自己而相互鄙视；从世俗的观点来看，贵贱的标准不存在于自身。

【赏析】

世界上之所以存在等级贵贱，是因为人们对事物的认识和评判的角度不同。所谓贵贱，其实只存在于人们的观念中，是浅薄的世俗看法，所以说贵贱是相对的，不确定的，它随着人们的观察立场的不同而不同，随着观察角度的改变而改变。若用静止的眼光看待事物的贵与贱，不但不符合事物的发展规律，而且作法非常愚蠢。

君子之交淡若水，小人之交甘若醴。

【注释】

选自《庄子·山木》。醴：甜酒。

【译文】

君子之间的交情淡得像水一样，小人之间的交往甜得像甜酒一样。

【赏析】

君子情操高尚，人们与他们交往，其交情与水一样清淡。这里的“淡若水”不是说君子之间的感情淡得像水一样，而是指君子之间的交往，不含任何功利之心，他们的交往纯属友谊，却长久而亲切。小人之间的交往，包含着浓重的功利之心，他们友谊的基础是相互利用，表面看起来“甘若醴”，而实际如果对方满足不了功利的需求时，便很容易断绝。人们在交往之时，要寻找君子，切勿找小人。

睹一蝉，方得美荫而忘其身；螳螂执翳而搏之，见得而忘其形；异鹊从而利之，见利而忘其真。

【注释】

选自《庄子·山木》。忘其身：忘记自身的安危。翳（yǔ）：螳螂的前臂。因螳螂前臂有锯齿，好像跳舞的人手里拿着有锯齿形的旗一样，这种旗叫翳。搏：击。真：本性。有翅能飞，有眼能看是鸟的天性。

【译文】

看见一只蝉，正因获得美妙的树荫而忘了自己的身体；有一只螳螂正抬起它的前臂准备捕捉蝉儿，看见猎物而忘记了自己的形体；那只奇异的鹊试图从中牟利，见利而忘记了自己的本性。

【赏析】

蝉、螳螂、异鹊只看见眼前利益而不知身后的隐患，庄子以此来说明任何事物都有相辅相成的关系，它们相互关联，相互牵累，就像利益与危害、福与祸都会相互转化，因此世人不可“见利忘形”“见利忘真”，贪恋于外界事物而使自我丧失。

只要不丧失自我，心性就能保持本来的纯净，灾祸就不会发生。这则故事被后人演化为众人皆知的成语“螳螂捕蝉，黄雀在后”。而那些只顾眼前而不顾后患，目光短浅之人更应深知此理，这样才能减少灾祸。

夫子步亦步，夫子趋亦趋，夫子驰亦驰。

【注释】

选自《庄子·田子方》。步：步行。趋：急行。驰：奔驰。

【译文】

老师慢步走，我也慢步走；老师快步走，我也快步走；老师奔跑，我也奔跑。

【赏析】

这是颜回对孔子说的话，表示自己的一切言行都要以孔子为典范。亦步亦趋，作为一种学习方法，它既有好的一面，又有坏的一面。好的一面是：老师经过长期的实践，积累了许多丰富的知识，跟着老师亦步亦趋，可以少走弯路，减少摸索知识的路程，很快掌握到知识的要点。不好的一面是：由于老师所学的知识也有片面性，所考虑的问题也不全面，所以亦步亦趋，自己所接受的知识就有片面性，考虑问题就失去了自己的见解，也失去了创造性。因此，我们在紧跟老师学习的同时，要常动脑筋，不可丧失自己的创造性。

吞舟之鱼，砀而失水，则蚁能苦之。

【注释】

选自《庄子·庚桑楚》。砀：荡溢失水。

【译文】

可以吞下船的大鱼，一旦离开了水，那么蚂蚁也能加害于它。

【赏析】

庄子用“吞舟之鱼”作比喻，告诫人们要节志寡欲以养生，不可任性肆志“砀而失水”，损害自己，以致最后受到蚂蚁的侵害。庄子在这里所讲的养生之道，被后来的学者引申为“吞舟之鱼，陆处则不胜蝼蚁”。比喻治理国家如果不能因势利导，不能使用恰当的手段，即使大国也将无所作为，被小国所困。同时也是在告诫人们用人要用其所长，避其所短。

至礼不人，至义不物，至知不谋，至仁无亲，至信辟金。

【注释】

选自《庄子·庚桑楚》。不人：不分人我。不物：不分物我。无亲：无所偏爱。辟：除去。

【译文】

最高的礼不分人我，最高的义不分物我，最高的智慧不用谋划，最高的仁无所偏爱，最高的诚信不用金子来表示。

【赏析】

庄子所谓的至礼、至义、至知、至仁、至信是人之真性的自然流露，不加任何掩饰的成份。要做到这五个“至”，必须摆脱心灵的束缚，去掉德性的牵累，打通与“大道”之间的障碍，就像哥哥踩了弟弟的脚，安慰一下就行了，父母踩了子女的脚，可以什么都不用说，而踩了陌生人的脚，要用责备自己的方式向别人道歉一样，这都是发自内心的真性，于是“至”者也就由此而生了。

得鱼而忘筌。得兔而忘蹄。

【注释】

选自《庄子·外物》。筌：竹制的捕鱼工具，又叫鱼笱。蹄：捕兔用的网。

【译文】

得到鱼就要忘记捕鱼的工具，得到了兔子就要忘记捕兔的猎具。

【赏析】

庄子用得鱼就要忘记捕鱼的网，得兔就要忘记捕兔的猎具来寓意语言，思想可以用语言表达，但用语言不能充分表达时就应当把语言忘掉，在力求使言语准确表达思想的同时，还须在言所不及处适可而止，使听者根据语言所讲的范围去了解其思想，慢慢地去体会。这就是用语言而要忘却语言。后来这句得鱼忘筌、得兔忘蹄的话就变成了讽刺那些达到目的就忘记了曾给予帮助的人，这时的含意与“过河拆桥”相同。

能尊生者，虽贵富不以养伤身，虽贫贱不以利累形。

【注释】

选自《庄子·让王》。尊生：珍视生命。养：用以养生之物，这里指土地。累形：使身体劳累。

【译文】

能珍视生命的人，即使富贵，也不肯为了争地而伤害身体；即使贫贱，也不肯为了争利而劳累身体。

【赏析】

强调生命重于一切，与生命相比，名利富贵，甚至天下都是微不足道，这就是庄子“贵生”的思想。表现了庄子追求超脱世俗的精神自由。庄子列举了周朝先王亶父尊视生命的事迹。亶父，周文王的祖父，在位期间为周围戎狄所侵扰，为了不因争夺土地而伤害人的性命，亶父毅然离开，百姓成群结队地跟着他，来到岐山的脚下，定立新都，由此而感，亶父不仅珍视自己的生命，更珍视百姓的生命。这同时也是在提醒当时的统治者，让他们珍视个人利益的同时，也多多珍爱百姓的生命。

古之得道者，穷亦乐，通亦乐。

【注释】

选自《庄子·让王》。穷：困窘。

【译文】

古代得道者，处于困境的时候仍然充满希望，处于顺境的时候也乐观向上。

【赏析】

一个人如果真正通晓了事理，那么他身处困境之时不会灰心丧气，处于顺境之时也不会骄傲张狂。因为他们认识到逆境和顺境都是事物发展过程中必然交替出现的，就像冬天和夏天，花开花落一样。它阐明人生的发展规律如同曲线一样有起有落。清楚地认识事物的发展规律，对应对各种变化能起到很好帮助，尤其是处于困境的时候，可以帮助人们摆脱困扰，以豁达的心态面对现实，做到宋代学者范仲淹在《岳阳楼记》所说的那样，不以物喜，不以己悲。

好面誉人者，亦好背而毁之。

【注释】

选自《庄子·盗跖》。面：当面，面前。誉：称赞，赞美。毁：诽谤。

【译文】

喜欢当面赞美别人的人，也喜欢背后诽谤诋毁别人。

【赏析】

盗跖用这句话来骂孔子，其目的是揭露儒家忠孝仁义的虚伪性。这句话不但揭露了儒家的虚伪性，同时也点出了现实生活中的伪君子，他们往往喜欢当面阿谀奉承别人，却总喜欢在背地里诽谤诋毁别人。对于这种伪君子，我们应当学习盗跖，当面揭露其丑恶的行为。而对于我们自己也要不断加强自身的修养，不“面誉人”，不“背而毁之”。让那些伪君子认为这种行为是何等的可耻，让他们知道这是于己于人都没好处的行为。

不精不诚，不能动人。

【注释】

选自《庄子·渔父》。

【译文】

不很真诚，不能打动别人。

【赏析】

这句话强调了感情的真挚。勉强哭泣的人虽然有眼泪但并不悲痛，强作怒容的人虽然严厉却没有威慑力，强作亲切的人虽然有笑容却不和蔼。真正的悲伤不发于声却极其哀痛，真正的愤怒不形于色却威严无比，真正的亲切没有笑容却十分和蔼。只有内心保持真诚的人，自然而然地会在外表流露出神采和魅力，这必然能使人真正地受到感动。

鬼 谷 子

故知始己，自知而后知人也。

【注释】

选自《鬼谷子·反应第二》。

【译文】

所以，要想掌握情况，必先从自己开始，只有了解自己，才能了解他人。

【赏析】

“知己知彼，百战不殆”作为《孙子兵法》中的名句而被人们所熟知，孙子所说的是在作战中了解自己和对方的情况后，才能作出正确的作战方案，而鬼谷子所说的知己是为了刺探到对方的情况，先了解自己的情况，然后根据自己的情况，去探知对方，以得到自己想要的情报。它作为一种心理战术而在春秋战国时期被纵横家们所广泛使用。

用赏贵信，用刑贵正。

【注释】

选自《鬼谷子·符言第十二》。

【译文】

运用奖赏，最重要的是守信用。运用刑罚，最重要的是公正。

【赏析】

奖赏守信，刑罚公正是治国的根本。而且奖赏与刑罚在百姓所见所闻的事情中得到验证，百姓才能相信，这样对于那些没有亲眼看见和听到的人也有潜移默化的作用。战国时期秦孝公以振兴秦国为目的，支持卫国贵族商鞅的变法措施，商鞅为了取信于民，在南门外当众以重金奖赏了那个将木桩扛到北门去的人，这件事情被人们逐渐传扬出去。不几天，全国都知道左庶长说话算话，从此商鞅新法得以贯彻执行，秦国开始强盛起来。如果统治者的诚信能通达天下，那么他就不怕政令无法施行。

高山仰之可极，深渊度之可测。

【注释】

选自《鬼谷子·符言第十二》。

【译文】

高山仰望可以看到顶点，深渊计量可以测到底部。

【赏析】

信任是与人交往的前提，相信他的一言一行，这样就能以心交心，拥有很多知心朋友。如果缺乏信任感，拒绝别人，就会把自己封闭起来。但是在信任他人的时候，要多一点心智，要善于观察、揣度他的内心世界，判断他所作所为是否可信，因为一般人的心智靠判断摸索是可以了解的，就像鬼谷子说的“高山仰之可极”一样。把握好“防”与“信”的关系，大大有利于人与人之间的交往。

故口者，机关也，所以关闭情意也；耳目者，心之佐助也，所以窥间见奸邪。

【注释】

选自《鬼谷子·转丸第十三》。奸邪：邪恶不正。

【译文】

嘴好像是开关一样，是用来打开和关闭感情和心意的。耳朵和眼睛是心灵的辅佐和助手，是用来侦察奸邪的器官。

【赏析】

口是用来表达情感和思想的，如果人们将其合理利用，不但可以使自己不被烦琐的语言所困惑，还能探知他人的情感和思想。耳朵眼睛是用来听和看的，大脑再将所见所闻加以分析就能立刻判断出奸邪。如果三者协调呼应，就能自由驰骋地议论也不会迷失方向，也不会发生失利的危险。在为人处世方面，我们要多多学习鬼谷子，这样才能保护好自己。

故智贵不妄。

【注释】

选自《鬼谷子·转丸第十三》。

【译文】

所以，聪明人最重要的是不妄加评论。

【赏析】

自己的所闻所见，最明智的做法就是不要妄加评论。因为每个人所处的环境、地位及所受教育的不同，加之对他的所见所闻，不可能都做认真细致的调查研究，所以对事物本质就不可能了解清楚，这样对事物的所见所闻，是非评判会产生偏差。若遇事总要妄加评论，难免会有不公正结论的产生，这种评论不仅于事无补，还可能引火烧身。因此，对待任何事物，都应客观、冷静地分析，而不能盲目，自以为是地去评论。

人之情，出言则欲听；举事则欲成。

【注释】

选自《鬼谷子·转丸第十三》。

【译文】

人之常情是，说出的话就希望别人听从，做事就希望成功。

【赏析】

鬼谷子这句话的本意是要想让别人乐意听你的话，就要讲究说话技巧，对对方的长处要放开来说，这样来取悦对方，这是纵横家的思维方法。其实，人的正常心理就是希望所说的话别人能听从，要做的事希望能成功。要想实现这两个目标，不仅要有鬼谷子的做事技巧，真诚的语言和实事求是的做事态度也是非常重要的。只有真诚的语言才能打动对方，取得对方的信赖，让其听信于你。做事只要能实事求是，量力而行，不夸夸其谈，就能有一定的收获。如果能将技巧和实事求是的态度有效地结合起来，做起事来就会事半功倍。

欲多则心散，心散则志衰，志衰则思不达也。

【注释】

选自《鬼谷子·本经阴符七术》。

【译文】

欲望多了，心神就会涣散，意志就会消沉。

【赏析】

修身养志一向为先秦诸子所重视，他们从不同的角度论说了修身养志的方法，灭欲是其中的一个方面，但是鬼谷子强调灭欲的目的是让智慧通达。他认为心志是欲望的使者，是相互作用的。欲望多了志气就会消沉，心神不能专一，思想脉络就不会通畅；人的欲望太多，就会被欲望所牵制，每天心神不定，坐卧不宁，就没有心思去修身养志。不养志，智慧就不能通达，智慧不通达，其愿望就很难实现。欲望减少了，志气就和顺了，心绪就稳定了，精力就凝聚，灵感也就来临了。

荀　　子

吾尝终日而思矣，不如须臾之所学也。

【注释】

选自《荀子·劝学》。尝：曾经。思：思考。须臾：一会儿，片刻。

【译文】

我曾经整天苦思冥想，还不如我学习一会的收获大。

【赏析】

荀子十分注重学习效率，他劝谏我们要善于学习，掌握学习方法。因为在当今知识爆炸的时代，善于学习是获取更多知识的关键，也是把自己从繁重的学习任务中解放出来的方法。

道虽迩，不行不至；事虽小，不为不成。

【注释】

选自《荀子·修身》。迩：近。

【译文】

道路虽近，不走就不能到达目的地；事情虽小，不做就不能取得成功。

【赏析】

儒家提倡做事要务实的原则。荀子是先秦最后一位儒家学说的集大成者，他也多次论述了务实精神对有志之士的影响。人要有了务实精神，做任何事情都能脚踏实地，实事求是。只有这样，才能在竞争中立于不败之地，只靠空想、空谈，是办不成任何事情的，迟早会被社会所淘汰。

人无礼则不生，事无礼则不成，国无礼则不宁。

【注释】

选自《荀子·修身》。生：生存。宁：安宁。

【译文】

人没有礼法就不能生存；事情没有礼法就不能成功；国家没有礼法就不能安定。

【赏析】

无论是社会正常秩序，还是判断是非善恶都把礼法作为标准。在日常生活中，礼是修己、待人、接物的根本原则，它存在于人的意志思虑、饮食服饰、容貌态度、进退趋行中，它反映了人们的价值取向、行为方式和生活态度。所以人们在日常生活中，都必须遵从礼的规范。如果不能以礼为先，是不可能使人民富裕昌盛、国家兴旺发达的。

与人善言，暖于布帛；伤人以言，深于矛戟。

【注释】

选自《荀子·荣辱》。帛：丝织品的总称。矛戟：矛，兵器名，在长柄上装有金属尖头，用以刺杀。戟，古代的一种兵器，是矛和戈的合体，兼备直刺、旁击、横钩的作用。

【译文】

对别人说友善的话，比穿上布衣丝服还要温暖；用恶语伤害别人，比矛、戟刺得还要深。

【赏析】

俗话说：“良言一句三冬暖，恶语伤人六月寒。”可见一个人的言语不能不谨慎，因为它直接反映了一个人道德修养水平的高低。修养高的人，以尊重他人为原则，他们总是用善意的语言去说给别人听，听话的人会被他的语言所感动，或受到勉励，或有错就改，或转悲为喜等等。而那些修养低的人，以自己的利益为重，不顾及别人感情的承受能力，对别人说话随心所欲，更有甚者，用恶语伤害别人，这样必然造成人与人之间关系的紧张，无法与别人和睦相处。

先义而后利者荣，先利而后义者辱。

【注释】

选自《荀子·荣辱》。义：合乎正义的行为和事情。荣：光荣，荣耀。辱：耻辱。

【译文】

把合乎正义的行为放在利益的前面是光荣的，把私利放在正义的前面是可耻的。

【赏析】

儒家思想十分注重义气，孟子就明确说过要舍生取义。所以生活中那些见利忘义的人往往为人们所不齿，所以人常说，君子爱财取之有道，小人爱财取之以利。有些人为了满足私欲，不择手段，甚至触犯法律，结果受到法律的制裁，他们舍义取利的结果不仅丧失了自己的生命，而且损害了别人的利益。还有一些不法商人，在利益的驱动下，不顾人民的利益，用坑、蒙、骗的手段获取利益。所以应学习“先义而后利者荣，先利而后义者辱”的思想，并不断提高自己的道德修养。

君子贤而能容罢，知而能容愚，博而能容浅，粹而能容杂。

【注释】

选自《荀子·非相》。罢：疲沓，软弱无能。知：

同“智”。粹：纯，不杂，引申为纯正美好的。杂：混杂，不纯。

【译文】

君子贤能而能容纳软弱无能的人；聪明的人能容纳愚笨的人；才学渊博的人能容纳才学疏浅的人；道德纯粹的人能容纳品行不纯的人。

【赏析】

“人无完人，金无足赤。”说明每个人都有自己的优缺点，在日常与人交往中，我们要多看到别人的长处和自己的短处，宽以待人，严于律己才能不断地完善自己。如果对待别人的缺点，不能容纳而只是指责的话，那么他永远也学不到别人的优点，永远也处理不好人际关系。所以儒家所提倡的容纳，其实是一种美德，是处理人与人之间关系的基本原则。

不闻不若闻之，闻之不若见之，见之不若知之，知之不若行之。学至于行而止矣。

【注释】

选自《荀子·儒效》。不若：不如。至：到了，到达。止：停，引申为达到极点。

【译文】

没有听到不如听到，听到的不如看到的，看到的不如知道的，知道的不如实行的。学习到了实行这一步便算达到极点了。

【赏析】

学习和认识事物是要循序渐进的，闻、见、知、行便是四个阶段。耳闻可以获得间接的知识，但不如亲眼所见得来的真切，因为耳闻未必真实。但亲眼所见的只是对事物表面的感性认识，它不如反映事物内在本质的理性认识。因为理性认识比感性认识更加真切。只有理性认识是不够的，还要将它付诸实践，虽然理性认识充实深厚，但也会贫乏，只有通过笃行，才能真正认识和掌握真理和精髓。总之学习和认识活动是离不开的，要“读万卷书，行万里路”。

知之曰知之，不知曰不知，内不自以诬，外不自以欺。

【注释】

选自《荀子·儒效》。内：内心。诬：语言不真实，欺骗。

【译文】

知道就说知道，不知道就说不知道，对内不用来欺骗自己，对外不用来欺骗别人。

【赏析】

荀子的这一理论与孔子的“知之为知之，不知为不知，是知也”这一观点极为相似。他们都认为治学是件严肃的事情。知道就是知道，不知道就是不知道，来不得半点虚假。如果不懂装懂，不仅欺骗了别人，更是欺骗了自己，从而使自己永远处于无知的状态。这是一种愚蠢的做法。

故不教而诛，则刑繁而邪不胜；教而不诛，则奸民不惩。

【注释】

选自《荀子·富国》。诛：惩罚，铲除。怨：心怀不满，抱怨。

【译文】

所以不进行教化就惩罚罪犯，即使刑法很多仍然不能战胜邪恶；而只教化不惩罚，那么奸邪的人就得不到制裁。

【赏析】

荀子在此论述了教化与惩罚的辩证关系。孔子认为对待邪恶应该是先教后罚；为政的首要目的便是用教化引导百姓，然后才是“进退诛赏”。所谓教化，就是一方面向百姓宣明礼义刑法，另一方面统治者必须作出表率。这样，百姓就会风从草偃，从善如流。教化与刑罚虽然有轻重之别，但是功效却不相同，治理国家，不能单靠某一方面，只有一起抓，相辅相成，才能取得良好效果。

天有其时，地有其材，人有其治，夫是之谓能参。

【注释】

选自《荀子·天论》。参：加入，配合。

【译文】

天有时令变化，地有丰富资源，人能治理并利用天时地利，这就叫做能与天地相配合。

【赏析】

荀子在此论述了人在认识和改造自然中所具有的能动作用。虽然自然界有自己的规律，不以人的意志为转移，但人人可以利用自然为人类服务。但是在利用自然时，一定要尊重自然规律，否则就会遭到自然的惩罚。

论德而定次，量能而授官。

【注释】

选自《荀子·君道》。德：品德。次：等次。论：按照。

【译文】

根据品德的高低而排定等级，根据能力的大小而授以官职。

【赏析】

昏君任人唯亲，明君任人唯贤。所以要做一个明君，必须按照品德的高低、才能的大小而授以官职，这就体现了人才有层次的思想，只有根据这一用人思想来制定用人政策和任职制度，才是完善的用人政策。只有按其德行安排官职，才不会造成社会混乱；只有按照自己的能力接受职务才不会陷入困境。

乐者，乐也。君子乐其道，小人乐其欲。

【注释】

选自《荀子·乐论》。乐："乐者"的"乐"读为 yuè，指音乐。"乐也"的"乐"读为 lè，指喜悦，快乐。

【译文】

音乐是快乐感情的表现。君子快乐是因其道德修养得到了提高，小人快乐是因其私欲得到了满足。

【赏析】

人是一种高级动物，但其本性也有耳目之欲、声色之好，所以人的感情需要通过这些活动得以宣泄，但人又受伦理道德的约束，所以人的内心情感需要适当的方式来表达，音乐就是其中一种。荀子从人性的角度解释了音乐的作用，他把音乐看作是表现人内心欢乐或悲伤的渠道和形式。

夫声乐之入人也深，其化人也速。

【注释】

选自《荀子·乐论》。

【译文】

音乐对人的影响很深，教化人也很快。

【赏析】

荀子认为音乐除了具有娱乐功能，还具有教化作用。因为好的音乐作品能够激起人们心灵的震荡和共鸣，使人的精神得到净化。中正平和的音乐，可以使人民顺和而不淫乱；严肃庄重的音乐，可以使人民团结一致而不混乱。但如果邪僻放纵的音乐流溢社会，就会产生不良影响。所以，贤明的君王都提倡高雅有教化作用的音乐，摒弃那些靡靡之音。

国将兴，必贵师而重傅，贵师而重傅则法度存。

【注释】

选自《荀子·大略》。师：老师。傅：教育，教导。

【译文】

国家将要兴盛，必然要尊师重教；尊师重教，国家的法度就得到了保存。

【赏析】

荀子十分强调尊师重教的作用，他把老师的地位上升到了帝王的地位，认为二者同等重要。因为老师不仅起到传播知识的作用，还起到教化的作用，起到做人榜样的作用。教育搞好了，不仅能提高人的道德水平，知识水平也会大大提高，科技就会发展，物质就会丰富，人民就会安居乐业。因此只有“贵师重傅”才能使“国将兴”，而“贱师轻傅”则会“国将衰”。

人之所欲生甚矣，人之所恶死甚矣，然而人有从生成死者，非不欲生而欲死也，不可以生而可以死也。

【注释】

选自《荀子·大略》。甚：非常强烈，很。

【译文】

人的欲望没有比生更强烈的了；人的厌恶没有比死更强烈的了。但有人却舍生求死，并不是不想生存，而是认为在某种情况下不能偷生而应该去牺牲。

【赏析】

孔孟之道宣扬杀身成仁、舍生取义，荀子在此论述的也是这个命题。人生的目的不是肉体欲望的满足，不是社会荣誉地位的获得，更不是生命的保存和延续，而是对道德的觉悟与追求。道德比生命更有价值，在这种人生道德取向的影响下，历史上涌现出许多杀身成仁的仁人志士，他们为了国家和大众的利益，不惜牺牲自己的生命。所以匈牙利诗人裴多斐说："生命诚可贵，爱情价更高。若为自由故，二者皆可抛。"

且夫芷兰生于深林，非以无人而不芳。

【注释】

选自《荀子·宥坐》。芷兰：芷，白芷，一种香草。兰，兰花。芳：香气。

【译文】

况且香草和兰花虽生长在茂密的深林中，却并不因为没有人赏识而不散发芳香。

【赏析】

荀子在此赞扬了香草和兰花的不因无人而不芳。他的用意是劝谏那些怀才不遇的君子，不要因处境不顺而意志消沉，应加强自身修养，等待时机。他在此既强调了社会机遇的重要，又提出了在怀才不遇的情况下应该怎么办的问题，“居不隐者思不远，身不佚者志不广”。

人有气、有生、有知亦有义，故最为天下贵也。

【注释】

选自《荀子·王制》。

【译文】

人有气、有生命、有知觉而且有礼义，所以是天下最高贵的了。

【赏析】

人与动物的本质区别不在于具有气、生、知等自然属性，而在于拥有礼义即道德意识。这就使人不同于自然的对象而具有至上的价值，超越自然而表现为一种人文化的观念，并把这一文化作为确认人之价值的依据。

古之所谓士仕者，厚敦者也，合群者也。

【注释】

选自《荀子·非十二子》。仕：做官。厚敦：淳厚，朴实厚道。

【译文】

古代所说的做官者，是朴实厚道之人，是善于与人相处之人。

【赏析】

荀子认为“厚敦”和“合群”是为政者必须要具备的两个标准。厚敦从字面上讲是朴实厚道，也就是我们现在常说的“敦厚”，但从内涵上讲，它包含着一种道德修养，这种修养就是务实精神，为政者只有具备这种精神，才能治理好国家。当然，为政者只靠“厚敦”还不能称为“士仕”，还必须“合群”。合群就是不脱离民众，能和民众打成一片。

这样就便于了解民众所思所想，并能很好地加以处理，得到民众的爱戴。现在的各大公司聘用人才也把这两个因素作为重要参考。

吕 氏 春 秋

安危荣辱之本在于主，主之本在于宗庙，宗庙之本在于民，民之乱在于有司。

【注释】

选自《吕氏春秋·务本》。宗庙：祭祖拜灵的地方，引申为国家。

【译文】

安危荣辱的根本在于君主，君主的根本在于国家，国家的根本在于人民，人民暴乱是因为官吏们贪赃枉法。

【赏析】

国以民为本。可见国家的安危、君主的荣辱全都在于能否取得民心。所以历代的明君在治理国家时都能以人民的利益为重，按照人民的愿望决定什么事该做，什么事不该做，只有顺应民心，才会得到人民的拥护。就像尧禅位于舜，汤伐夏桀，周武王伐商纣王一样，都是顺应了人民的愿望，才建立起了巨大的功业。

【山庄图】卷 局部［宋］李公麟 中国台北故宫博物院藏 54-5

【山庄图】卷 局部 ［宋］李公麟 中国台北故宫博物院藏 54－5

当理不避其难，视死如归。

【注释】

选自《吕氏春秋·士节》。归：返回，道教认为死就是回归到生的起点上了。所以说“视死如归”。

【译文】

站在真理一边，不回避任何灾难，将死亡看作回归自然。

【赏析】

吕子在这里高度赞扬了士人为真理而献身的高尚精神。古今中外此类例子不胜枚举。如意大利天文学家布鲁诺因宣传地动学说被基督教和天主教教会逐出国境，后在罗马被捕，但他始终不屈，最后被钉在十字架上烧死。在真理与谬论的争战中，许多科学家都为了真理而献身，因为他们相信真理经得起考验，而谬论终会被时间所湮没。先人们为了真理而勇于献身的精神，激励了一代又一代的探索者。

石可破也，而不可夺坚；丹可磨也，而不可夺赤。

【注释】

选自《吕氏春秋·诚廉》。坚：坚固，坚硬。丹：丹砂，又名朱砂。赤：比朱红稍浅的颜色，泛指红色。

【译文】

石头可以打碎，但却改变不了它坚硬的物理性质，朱砂可以磨碎，但改变不了它自身的红色。

【赏析】

吕子认为只要是具有高尚情操的人，他们不会因为环境的改变而改变自己的节操。正如孟子所说："富贵不能淫，贫贱不能移，威武不能屈。"如汉武帝时期的中郎将苏武，奉命出使匈奴，因其副将张胜参加匈奴的内部斗争，而受牵连。匈奴多次威胁诱降，又把他迁至北海边牧羊，他坚持十九年而不屈服，终于回到汉朝，保住了气节。苏武牧羊从狭隘的意义上讲只是为保持个人气节，从广义上讲则是捍卫了国家的荣誉。

良剑期乎断，不期乎镆铘；良马期乎千里，不期乎骥骜。

【注释】

选自《吕氏春秋·察今》。期：希望。镆铘（yē）：古代有名的宝剑，亦作"莫邪"。骥骜：古代千里马的统称。

【译文】

对优良宝剑的要求，希望它能斩断东西，不要求它是否是镆铘宝剑；对于良马的要求，希望它能迅速到达千里之外，而不在乎是否是有名的骥骜。

【赏析】

吕子认为在判定事物时不要被名称所累，一定要有务实精神。只要是能斩断东西的利剑就是良剑；只要是能日行千里的马就是宝马。吕氏用判定良剑、良马的标准来说明，对待任何事物，都应注重它的实际效益，而不应注重它的名称。即使被称为“镆铘”或“骥骜”，但如果不能发挥应有的效应，它们也不算是良剑良马。

闻而不审，不若无闻。

【注释】

选自《吕氏春秋·察传》。

【译文】

听到传闻的话如不加辨析，还不如什么话也不要听。

【赏析】

很多传闻，都是谣言，如果不加判断就听信的话，往往容易办错事，那还不如从一开始就不要听见为好。因为这样做是颠倒黑白，不明事理的。关于这一命题，先哲们已有许多论述。如汉刘向《说苑·政理》里的“耳闻之不如目见之，目见之不如足践之”。汉班固《汉书·赵充国传》里的“百闻不如一见”。晋代葛洪《抱朴子·广譬》里的“信耳而疑目，古今之所患也”等等，都说明了对待传闻要持审慎的态度。

善学者，假人之长以补其短。

【注释】

选自《吕氏春秋·用众》。假：借，用。

【译文】

善于学习的人，能够借用别人的优点来弥补自己的不足。

【赏析】

学习中要善于借鉴他人的学习方法和长处。看到了他人的长处就应拿来弥补自己的短处。这才是学者求学应有的方法。世界是纷繁多样的，知识是广博无边的。学者的学识无论多么广博，也不可能面面俱到，只有借用别人的长处来弥补自己的短处，才能使自己不断充实，逐渐臻于完美。

得十良马，不若得一伯乐；得十良剑，不若得一欧冶。

【注释】

选自《吕氏春秋·赞能》。伯乐：古代善于相马的人。欧冶：古代善于铸剑的人。

【译文】

得到十匹优良马，不如得到伯乐一人；得到十把好剑，不如得到欧冶一人。

【赏析】

韩愈感叹：“千里马常有，而伯乐不常有。”这就说明了伯乐和千里马谁轻谁重的问题。如果没有“伯乐”，那众多“千里马”不是空怀奇才吗？春秋齐国的齐桓公与管仲的关系就是伯乐与千里马的关系。如果齐桓公虽然胸怀大志，却不能摒弃私仇，任用曾反对过他的管仲，就无法成就其霸主的地位，而管仲如果没有遇见齐桓公这样的伯乐，一身的经世治国之才也是得不到施展的。因此，人才能否被广泛使用，关键在伯乐。

不知而自以为知。

【注释】

选自《吕氏春秋·别类》。

【译文】

不知道的事物，而自己却以为知道。

【赏析】

孔子教导我们：“知之为知之，不知为不知，是知也。”所以我们在看待事物时，必须首先分清事物的类别，深入到客观现实中去，从实际出发，才能了解工作对象的特性及特殊规律，从而认识客观事物。千万不能从一般常见的事理中，推断不曾见过或做过的事物，以避免在工作中造成不必要的损失。

凡国之亡也，有道者必先去。古今一也。

【注释】

选自《吕氏春秋·先识览》。去：离开，离去。

【译文】

大凡一个将要灭亡的国家，有才能的人必定早已离开。古往今来都是这样。

【赏析】

大智大慧的贤人，往往具有预见历史发展方向的眼力。他们能见微知著，料事如神，往往会聚集于他们能相合的国君的国家，也可以说人才会去那些实施德行的国家。春秋、战国时期人才流动就说明了这个问题。由于诸侯争霸，社会动乱，国家兴衰存亡不定。有的君王采用厚禄招揽人才，礼贤下士，致使天下贤人云集于此；有的君王轻视贤才，行无道之政，致使贤人纷纷离去。如伍子胥离楚去吴，之后楚亡；吴起离魏去楚，而后魏亡。所以要想使国家长治久安，必先得人才，得人才，必得人心，于是在贤人辅佐之下就可以攻城夺地，称雄天下了，就像齐桓公得管仲，秦孝公得商鞅一样。

尺之木必有节目，寸之玉必有瑕瓋。

【注释】

选自《吕氏春秋·举难》。节目：指木材纹理纠曲的节疤。瑕瓋（zhè）：玉石的瘢痕。

【译文】

一尺长的木材会有节疤；一寸见方的玉石会有疵瘢。

【赏析】

“人无完人，金无足赤。”所以这个世界虽人才众多但全才没有。为政者选用人才不必追求是否是全德之才，只应求是否有一技之长，这样就可放到合适的地方来贡献自己的才能。因为连古代贤王尧、舜、禹都有被人非议的地方，何况一般的人；千里马都有失足的时候，何况一般的马。如果用墨斗的直线来衡量自然长成的木材，那么一棵树都不会合乎标准。因此，要想求得十全十美的贤才，可以说举世难寻。

功名大立，天也；为是故国不慎其人，不可。

【注释】

选自《吕氏春秋·慎人》。因：引申为主观因素。

【译文】

成功立业，虽靠的是外在机遇，但只靠机遇而不重视人为的内在因素，也是不可以实现的。

【赏析】

时势造英雄说明了机遇对一个人的重要性，但机遇是喜欢光顾那些内心有准备的人的。如果自己只想守株待兔，是不能有所成就的。所以机遇和自我作为是事业成功不可缺少的两个重要因素。这里的机遇有两个概念，一是有了作为才能给别人创造机遇，如尧求贤，为舜创造了机遇；一是有了作为才能为自己寻找机遇，如舜有作为，寻找到了尧求贤的机遇。因此，外因是成功的条件，内因是成功的基础，外因只有通过内因才能起作用。

圣人不能为时，而能以事适时。

【注释】

选自《吕氏春秋·召类》。

【译文】

圣贤之人不能自己创造机遇，而能用自己的才能等待机遇，创造时机。

【赏析】

机遇具有偶然性的特点，但它却喜欢有准备的人，对那些一直在寻找它、欢迎它的人来说也颇具必然性。如姜太公钓鱼于渭水之上，这是他有意在周文王经常出现的地点等待周文王，以便展现他的治国用兵之策，求得文王重用。姜太公善于争取时机，把握时机，终于受到重用。所以，人们只要主动争取机会，耐心地等待时机，自己的理想和才能总有希望得到发挥和实现。

国虽小，其食足以食天下之贤者，其车足以乘天下之贤者，其财足以礼天下之贤者。

【注释】

选自《吕氏春秋·报更》。

【译文】

国家虽然弱小，但是一定要让它的食物足以供养天下的贤才，让它的车马足以供给天下的贤才乘用，让它的财物足以用来礼遇天下的贤士。

【赏析】

国家要招揽人才必须要提供一些优厚的待遇，这样才能留得住人才。相反如果有才不能重用，见贤不能容纳，口善而心不诚，就会造成大量的人才外流，给国家带来巨大损失。吕不韦为了说明这一问题，引用历史事实加以论证。他说：豫让曾经为范氏、中行氏做事，但是衣食都得不到起码的满足，还经常被唤去做事，等到范氏、中行氏将要灭亡之时，豫让没有任何报效之心。之后，豫让又为智氏做事，智氏对他很有礼貌，待遇也比较优厚，后来智氏为争夺土地与赵襄子开战，在晋阳城惨败被杀。豫让为了报答智伯的知遇宠爱之恩，决心向赵襄子报杀主之仇。他用油漆涂满全身，让身上生出恶疮，吞下木炭改声音，敲掉门牙改变容貌，以便能行刺赵襄子。豫让还是奴才豫让，为什么会对先前的主子背叛离弃，而对后来的主子却甘心奉献出生命呢？这是因为主子的恩泽决定了他的取舍去留。由此观之，优待贤才，贤才才会为国尽力竭智。

韩 非 子

腓大于股，难于趣走。

【注释】

选自《韩非子·扬权》。腓（fèi）：小腿。股：大腿。趣：通“趋”，快走。

【译文】

小腿大于大腿，是很难走得快的。

【赏析】

韩非在此论述的是怎样加强中央集权的问题。他指出应削减大臣的权力，臣属的权力若大于君王，君王指挥就会失灵，臣属的叛乱也会随时爆发。这一治国之策为历代统治者所采纳。汉初打击地方割据势力的目的是加强中央集权；北宋削减州郡一级长官的权力也是为了加强君主的权力；精兵简政，改变机构臃肿的现象，也是为提高办事效率。

事以密成，语以泄败。

【注释】

选自《韩非子·说难》。

【译文】

商量事情，因为能保密，所以能获得成功；而说出去泄露了机密，就会失败。

【赏析】

韩非子在此论述了君王掌握说话技巧的重要性。他认为话里边包含有很多机密，说的时候一定要想好了再说，否则当秘密被对方知道后，就会谋划对策对付你，致使你失败。用语言探密在《鬼谷子》篇中多有论述，鬼谷子采用心智的方法，用巧舌如簧来探知秘密。所以在与别人谈话时，一定要用心智，保守秘密。保守秘密对事情的成功有着重要意义。

刑过不避大臣，赏善不遗匹夫。

【注释】

选自《韩非子·有度》。刑：惩罚。过：犯罪。遗：丢失，遗忘。

【译文】

惩罚有罪过的人，即使是大臣也不放过；奖赏善行，即使是百姓也不遗漏。

【赏析】

韩非提倡的这条法律条文与孔子的“刑不上大夫，礼不下庶人”的观点完全相反，但也是完全正确的。他要求王子犯法与庶民同罪，法律面前人人平等。他的思想在封建特权社会是非常可贵的。当时由于韩非子的政治主张触犯了上大夫的利益，受到排挤和陷害。今天，王子犯法与庶民同罪的思想早已深入民心，执法的公正严明已成为执法者的首要原则。

不知足者之忧，终身不解。

【注释】

选自《韩非子·解老》。解：废除，消除。

【译文】

不知道满足的人，他的忧虑，终身都无法消除。

【赏析】

对于“不知足者”可以这样理解：一种是在事业上追求完美的人，他们为工作和学习过分忧虑，不断挑战新的目标；另一种是对物质财富永远也不会满足的人，他们贪得无厌，为了满足自己的私欲，往往会不择手段，做一些损人利己的事。这两种人为了追求心中的目标都生活在忧虑之中，一种是为自己的事业忧虑，一种是为自己的名利忧虑。而这两种忧虑对人的生活质量和身心健康都是非常有害的，所以我们应积极、理性地对待自己的工作和学习，使自己生活在宽松的工作和学习环境中，以平常心态来对待功名得失和事业成败，这样忧虑就会远离我们。

知之难，不在见人，在自见。

【注释】

选自《韩非子·喻老》。

【译文】

认识事物的困难，不在于认识别人，而在于认识自我。

【赏析】

韩非在此说明了知人者易，自知者难的道理。他讲了一个故事：离朱是个眼力非常好的人，他能看到鸟兽在秋天长出的细毛，但却不能看见自己的眉睫。这就说明了人要自知是很困难的，因而应当给自己找到一面自观自察的镜子，通过别人对自己的反映来了解自己，就能知道自己的长处和自己的短处，从而做到扬长避短。如果不能正确认识自己，就不能有效地改正自己的缺点，这对一个人的道德完善和前途事业是极为不利的。

千丈之堤，以蝼蚁之穴溃。

【注释】

选自《韩非子·喻老》。

【译文】

千丈大堤，只因有蝼蚁的洞穴而崩溃。

【赏析】

韩非在此强调了要用发展的眼光来看待问题。一个小小的蝼蚁洞穴确实不能与千丈之堤相比，但是如不及时摧毁蚁穴，大堤是极危险的。所以，看待事物要用发展的眼光，要防微杜渐，把坏事扼杀于摇篮之中，防患于未然。

至治之国，有赏罚而无喜怒。

【注释】

选自《韩非子·用人》。至：最好的，最高的。

【译文】

治理最好的国家，应该有功则赏，有罪则罚，而不能掺合个人的喜怒进行奖罚。

【赏析】

一个国家能否兴盛在于能否实行法治。而法治的根本要求是赏罚分明。任何一个执法者都不能离开法律条文的规定，如果依据个人的喜怒好恶去裁定功过，就会导致有同样功劳的人却受到不同的赏赐，同样罪过的人却有不同的惩罚。这种凭个人感情滥施赏罚的行为，必然导致国家大乱。

一手独拍，虽疾无声。

【注释】

选自《韩非子·功名》。疾：快速。此指用力鼓掌。

【译文】

一只手单独鼓掌，虽然用力却不会发出声音。

【赏析】

韩非在此论述的是如何有效治理国家的问题。他用“一手独拍，虽疾无声”的比喻揭示了治理国家仅靠君主一人的力量是不行的，还必须要有得力的助手辅佐，方能有效地治理国家。而臣子也需要君主的重用和支持，才能发挥其作用，辅君治国。君和臣是右手和左手的关系，只有两手同时拍合，才能发挥作用。后来这句话就演变为“孤掌难鸣”的成语，比喻一个人力量单薄，难以成事。

右手画圆，左手画方，不能两成。

【注释】

选自《韩非子·功名》。

【译文】

一个人同时用右手画圆，左手画方，结果两个都画不成。

【赏析】

韩非强调君与臣务必相互配合才能成就大业。就像鼓与鼓槌一样配合使用，才能奏出震撼天地的乐章。不然，君臣之间互相牵制，互相猜疑，最终将一事无成。后来，这句话用来说明一心不能两用，成事在于专一的意思。试想，用一个手画圆而另一个手画方，两手共用一个大脑必然互相干扰，互相牵制，所画出来的图形肯定圆不圆，方不方。

狡兔尽，则良犬烹；敌国灭，则谋臣亡。

【注释】

选自《韩非子·内储说下》。

【译文】

狡猾的野兔死完了，再好的猎犬也会遭到烹煮；敌国消灭了，那么出谋划策的功臣也就活不成了。

【赏析】

韩非用狡兔尽、良犬烹的比喻揭示了古代君主与功臣间赤裸裸的关系，良犬在此比喻功臣。古代的最高统治者，只能与其共患难，不能与其共天下。夺天下时视将帅谋臣为亲兄热弟，得天下以后不是贬谪，就是杀戮。如越王勾践对功臣文种，汉高祖刘邦对韩信，这些例子都在一定程度上揭露了当时最高统治者口头上讲仁义道德，而实际上极端卑鄙自私的本质。这句话被许多史学家所引用，后来简化为“兔死狗烹”的成语。

以利之为心，则越人易和；以害之为心，则父子离且怨。

【注释】

选自《韩非子·外储说左上》。越人：他国人。离：背离。

【译文】

真心使别人得利，那么与他国人就容易和睦相处；存心使别人遭到侵害，即使父子也会相互背离而且相互怨恨。

【赏析】

“己所不欲，勿施于人。”所以与人相处，要宽容大度而不要斤斤计较，这样才能与他人和睦相处，如果只图个人利益，而损害别人的利益，就会出现人人自危的局面，这样的话即使是父子也会相互怨恨。

欲利而身，先利而君；欲富而家，先富而国。

【注释】

选自《韩非子·外储说右下》。而：你，同“尔”。

【译文】

想让自己得利，必先让你的国君得利；想让自家富裕，必先让你的国家富裕。

【赏析】

韩非认为家与国的关系是辩证统一的，国是第一位，家在第二位，只有先使国富起来，家才有可能富起来。先秦诸子的论点恰恰与此相反，他们认为要想国家富裕，必先让百姓富裕。这种观点实与韩非是殊路同归，目的是一样的，最终都是使国君得利，国家富强，只是论点的出发点不同而已。

明主听其言必责其用，观其行必求其功。

【注释】

选自《韩非子·六反》。责：责成。

【译文】

聪明的君主听他的言论后，一定要责成他付诸于行动，观察他的行为后，一定要求得他的功绩。

【赏析】

韩非强调明君不仅要听其言，还要观其行。只有持慎重的态度，才可明辨人才。因为有些人如韩非不善言辞，往往大智若愚；有些人如赵括，夸夸其谈骗取了赵王的信任，结果致使赵国在与秦军的“长平之战”中损失惨重，从此赵国一蹶不振，被秦所灭。孔子曾经也有以言论和容貌取人而失败的例子，他曾被宰予的言辞高雅而华丽所蒙骗，取用后发现言行不一致，于是孔子深切地劝诫人们，不可以言取人，不可以貌取人。要听其言，观其行。

不蹶于山而蹶于垤。山者大，故人顺之；垤微小，故人易之也。

【注释】

选自《韩非子·六反》。蹶：跌跤。垤：蚂蚁做窝时堆在洞穴外的小土堆，也叫蚁冢。

【译文】

没有在高山上跌跤，而在小蚁冢上跌跤。山高大，所以人们小心谨慎地顺着路走，小蚁冢很小，所以人们很容易忽视它。

【赏析】

历史上很多人大风大浪都经历过来了，结果却在细微的小事上栽了跟头。韩非在这里所说的就是这种情况。他认为这种结果的原因是人们往往在大事上很小心谨慎，所以才不会出差池；而在小事上洋洋自得，放松警惕，于是就出现了差错。人们对待刑罚也是这样，刑罚轻了，人们不去重视，反而容易犯法，刑罚重了，人们就有所害怕，处处小心，从而就制止了犯法。这就提示我们，做任何事都要谨慎小心，不要因为小事上的错误而影响到大事。

法有立而有难，权其难而事成则立之；事成而有害，权其害而功多则为之。

【注释】

选自《韩非子·八说》。

【译文】

立法有利也有弊，权衡利弊，如果利大于弊能促成事情成功就设立它；能够成功的事里面也包含着弊处，权衡利弊后，利大于弊就去做。

【赏析】

世上万物都是相互矛盾，辩证统一的，如成败相随、祸福相依、利害相从。因而，我们在做任何事之前必须权衡利害，如果利大于弊，或者困难可以克服，我们就去做；否则就放弃。这种做事态度是一种负责和慎重的做事方法，它能把害与弊降到最低。比如一种新药的问世，在它广泛使用之前，必然经过反复的临床验证，测试它的疗效和副作用大小，直到能够确定其疗效以及将其副作用降到最低时才能推广使用。但是作为病人，不能因为药有副作用就拒绝使用，这种做法是错误的。因为药物是拯救生命、解除病痛的必需品。由此，我们提倡权衡利弊的工作方法，谨慎小心的工作态度，这样就可以尽量避免出现因噎废食的情况。

糟糠不饱者，不务粱肉；短褐不完者，不待文绣。

【注释】

选自《韩非子·五蠹》。务：追求。粱肉：精美的食物。褐：粗布衣服。待：等待，此指希望。文：花纹。绣：织有花纹的丝织品。

【译文】

连米糠和酒糟都吃不饱的人，不会去追求精美的食物。粗衣短袄都是破破烂烂的人，也不会去期待那绣衣丝绸。

【赏析】

韩非子在此批评了那些高谈阔论的儒士，劝谏君王治理国家必须要务实，只有以务实的精神去治国，才能解决人民的温饱问题，只有温饱问题解决了，国民才会追求精美的食物，有了精美的食物，才能使礼义在国民中施行。其次是富国强兵，要想富国强兵，必须有一套治理国家的法律，奖赏好的，惩罚恶的，使国家在法制的作用下，有序地向前发展，以达到富国强民的目的。所以说好高骛远不切实际的高谈阔论于事无补。

尉 缭 子

天时不如地利，地利不如人和。

【注释】

选自《尉缭子·战威第四》。天时：指气候、节气等自然条件。地利：指地形等地理条件。

【译文】

天时有利不如地形有利，地形有利不如得到民心。

【赏析】

战争的胜利取决于多种因素。其中天时、地利等都是自然因素，虽然重要，但并不是必然因素，最重要的因素是人和即是要获取民心。“得道多助，失道寡助”，就是说战争若是正义的，就能获取民心，获取民心就能得到多方援助，取得胜利。解放战争的胜利就是人和的结果。人和不仅适用于战争，也在社会各阶层、各行业发挥着应有的效应。俗话说：家和万事兴。只有人和了，才能克服困难，取得成绩。

故战者必本乎率身以励众士，如心之使四肢也。

【注释】

选自《尉缭子·战威第四》。励：振奋、鼓舞。

【译文】

所以，在战争中，将帅一定要身先士卒，以鼓舞兵士的勇气，就像头脑指挥四肢一样。

【赏析】

士气的高低在战斗中很重要，直接影响到战争的胜负。高昂的士气来自于将帅的行为，如果将帅有着高昂的斗志，而且处处以身作则，身先士卒，士兵也就有高昂的斗志，并且还有不怕死、不怕苦的精神，这样的军队，战斗力极强，必定所向披靡。

气实则斗，气夺则走。

【注释】

选自《尉缭子·战威第四》。

【译文】

士气旺盛就投入战斗，士气低落就避敌退走。

【赏析】

战斗中高昂的士气可以振奋全军，把全军的力量充分调动出来，这样再去攻敌就极为有利。但是将帅的鼓动工作要适度，不可过频，过频士气易衰，春秋鲁国曹刿对鲁庄公说：士气要“一鼓作气，再而衰，三而竭”。讲的就是这个道理。但也不可过少，过少士气就会不足。可见士气的高低盛衰是决定战争胜负的主要原因。

淮　南　子

夫善游者溺，善骑者堕，各以其所好，反自为祸。

【注释】

选自《淮南子·原道训》。堕：落下。

【译文】

善于游泳的人容易被淹死，善于骑马的人常常落马而摔伤，他们各因自己的爱好特长而招致灾祸。

【赏析】

这两句话表面看来似乎有悖于常理，但仔细思考一下便觉得它极富生活哲理。人们往往对自己所熟悉的事情或熟练掌握的技术掉以轻心，不加重视，从而遭到失败。这两句话就是告诫人们不论是做自己熟悉还是不熟悉的事，都要谨慎小心，尤其是做那些带有一定危险性的工作，更要加倍重视。

夫惟能无以生为者，则所以脩是生也。

【注释】

选自《淮南子·精神训》。脩：修，长。

【译文】

不过分追求生活条件优厚，就是长生的原因。

【赏析】

庄子养生的一大原则就是节欲。如果面对物欲而不能自拔的话，心力就会疲惫，精气也会散逸，何谈能够享尽天年。因此，人们应控制无限的欲望，即“贱之而弗憎，贵之而弗喜”，对外界物质的引诱具有极强的抵御性，使心气固守。如果无法控制欲望的诱惑，往往会堕落。其次是不要让自己的生活条件太优厚，要经常为自己创造一些艰苦的生活环境来磨炼自己。

夫仁者，所以救争者；义者，所以救失也；礼者，所以救淫也；乐者，所以救忧也。

【注释】

选自《淮南子·本经训》。乐（yuè）：音乐。

【译文】

所说的“仁”是用来防范纷争的；“义”是用来纠正狡诈不讲信用的；“礼”用来整治淫乱的；“乐”是用来疏通忧愁的。

【赏析】

仁、义、礼、乐是一种教化百姓的工具，也是君主治理社会的准则。仁，是积累宽厚的恩惠，将慈爱恩惠施及民众，用声誉和荣耀爱抚百姓。义，是建立丰功伟绩，树立显赫名望，确立君臣关系，端正上下之礼，明确亲疏远近，挽救国家危亡等。礼、乐，是用以明君之道，使百姓懂得上下尊卑。所以作者认为“德”衰以后才有“仁”产生，品行败坏后才有“义”出现，性情失去平和才会用音乐来调节，淫荡风气盛行才会有法度的治理。所以仁义礼乐不仅能够挽救社会的衰败，也能通过教化使人民的“道德”逐渐提高。

是故非澹薄无以明德，非宁静无以致远，非宽大无以兼覆，非慈厚无以怀众，非平正无以制断。

【注释】

选自《淮南子·主术训》。澹：淡。薄：泊，漠。制断：裁决，指明断是非。

【译文】

所以，没有淡泊就不能显示美德，没有宁静就不能维护长久，没有宽大就不能容纳一切，没有仁慈就不能安抚民众，没有公正就不能明断是非。

【赏析】

自古以来，淡泊明志、宁静致远都是君子所追求的修身目标。诸葛亮更是以此来告诫他的儿子要树立远大的理想，不被外物所诱惑，做一个不慕名利的高尚之人。

衡之于左右，无私轻重，故可以为平；绳之于内外，无私曲直，故可以为正。

【注释】

选自《淮南子·主术训》。衡：衡量。绳：约束，衡量。曲直：是非。

【译文】

衡量左右的人，任用他们没有偏私，所以可以说是公平的；衡量朝廷内外，判别是非没有偏颇，因此可以说是正直的。

【赏析】

“亲贤臣，远小人”是诸葛亮在《出师表》中对后主刘禅的劝谏。后来众多英明有为的皇帝也基本上能做到任人唯贤。如果任人唯亲的话，国家就会衰亡。唐玄宗就是一个很好的例子，唐玄宗早年执政，励精图治，广开言路，任人唯贤，使中国在政治、经济、文化上都达到了封建社会的高峰，但是到了后期，他不理朝政，闭目塞听，偏听偏信，先后任用嫉贤妒能的奸臣李林甫和杨国忠，致使唐朝政治腐败，最后爆发了安史之乱，国家陷入一片混乱，从此唐朝由盛转衰。

食者，民之本也；民者，国之本也；国者，君之本也。

【注释】

选自《淮南子·主术训》。

【译文】

食物是人民生存的根本；人民是国家生存的根本；国家是君王统治的根本。

【赏析】

国以民为本，民以食为天。在此作者以递进的手法为我们展示了食、民、国、君之间的辩证关系，它们之间的关系就像食物链一样，一环套一环，一环制约着一环。就是说，君王要注重农业生产，上循天时，下尽地利，中用民力，才能使人民有充足的时间发展生产，满足人民的食物需求。当人民物质利益得到满足以后，要加强对人民的教化，这样人民才能安居乐业，国家才会安定稳固，君王的统治才会长久。否则，民无食，则国必乱，国乱，君主的统治必然会受到威胁。

心欲小而志欲大，智欲员而行欲方，能欲多而事欲鲜。

【注释】

选自《淮南子·主术训》。心：指思虑。欲：希望，引申为应该的。志：指志向或胸襟。员：通“圆”，指了解和认识事物没有困难和障碍。方：指为人有棱角而不圆滑。

【译文】

思虑应该小心谨慎，志向应该远大宏伟，智慧要通达灵活，行为要端正方直，才能广泛，处事简约。

【赏析】

作者认为这是统治天下应具备的主观条件，也是我们每个人为人行事的原则。这里所说的考虑问题要小心谨慎，是指面对祸患要有防患于未然的见识，从而能把它扼杀在萌芽状态。所说的志向远大，就是要胸襟开阔，兼容万物。所说的智慧圆通灵活，就是智慧像圆环那样反复运转，无始无终；像江河那样四处奔流；像深渊泉水那样永不枯竭，这样万事没有不响应随从的。所说的行为端正，就是要做人不卑不亢，朴素洁白，穷困时不改变操守，通达时也不放纵自满。所说的才能广泛，就是文武兼备，动静适宜，举止恰当。所说的处事简约是指处事能驾御繁琐，以少制多。所以说志向远大者无所不容，智谋圆通者无所不知，品德端正者无所不为，才能广泛者无所不能，处事简约者无所不通。能够做到这些的话便可以使国家大治了。

【山庄图】卷 局部［宋］李公麟 中国台北故宫博物院藏 54－6

【山庄图】卷 局部 ［宋］ 李公麟 中国台北故宫博物院藏 54-6

夫圣人之于善也，无小而不举；其于过也，无微而不改。

【注释】

选自《淮南子·主术训》。举：提倡。

【译文】

那些圣人对于善事，无论多小也要提倡；对于过错，无论多小也要改正。

【赏析】

“勿以善小而为之，勿以恶小而不为。”因为积羽能沉舟，群轻会折轴。所以说做每件事都应注重细微之处，虽然做一件令人愉快的好事还不足以形成美德，但坚持做好事，天长日久必能形成好的品德。做一件坏事还不足以败坏品德，但经常做坏事，就会成为害群之马，因而，要防微杜渐，把坏事扼杀在摇篮中。

怨人不如自怨，求诸人不如求诸己得也。

【注释】

选自《淮南子·缪称训》。求：找寻原因。诸：之于，指在别处寻找原因。

【译文】

埋怨别人，不如埋怨自己，从别人身上找原因，不如从自己身上找原因。

【赏析】

“严于律己，宽以待人”是君子的道德准则。他们当中修养高的一日三次省察自身，当出现问题时首先会从自身去寻找原因，把责任揽到自己身上，而不会埋怨别人，把责任推到别人身上。如诸葛亮挥泪斩马谡的故事。公元228年春，诸葛亮开始第一次北伐，派大将马谡把守街亭，并再三告诫马谡一定要守住街亭，因为街亭是非常重要的咽喉之地。但是马谡违背了诸葛亮的作战部署，不听副将王平的劝阻，弃城不守，舍水上山。魏将张郃将蜀军包围在山上，切断水源，蜀军不战自乱，马谡大败，街亭失守。诸葛亮只好暂时退兵。回到汉中，诸葛亮上疏蜀主刘禅，称街亭失守，完全是由于自己失职用人不当造成的，要求贬官三级。同时诸葛亮为正军法，挥泪斩马谡。

日滔滔以自新，忘老之及己也。

【注释】

选自《淮南子·缪称训》。日：时光，时间。滔滔：水势浩大奔流不息，比喻时光流逝。自新：自我更新，即进步。及：到来。

【译文】

虽然时光不断地流逝，但是应不断地追求进步，忘却衰老将降临自身。

【赏析】

子在川上曰："逝者如斯夫。"孔子不仅感叹了时间的一去不复返，也慨叹了生命的有限知识的无涯。当有限生命去学习无涯的知识时确实很悲哀，所以人们应该珍惜时光，不断地学习。不要因为自己有了一定的知识就停止追求，因为渊博的知识是要不断地积累、不断地更新才能实现的。清代学者顾炎武说："君子做学问，生命结束就算停止了。"魏源又说："有志气的人爱惜一年的时光，有德才的人爱惜一天的时光，德才极高的人爱惜每小时的时光。"中国古代的圣人、大学者们已经为我们做出了榜样，我们为什么不珍惜时光，不断学习提高自己呢？不要再抒发那些无意义的感叹了，加油吧！

心哀而歌不乐，心乐而哭不哀。

【注释】

选自《淮南子·缪称训》。哀：悲痛。乐（lè）：高兴。

【译文】

内心哀痛的人，歌唱也没有欢乐的表情；内心高兴的人，即使痛哭，也没有悲痛的气氛。

【赏析】

情感流露是一个由内到外的复杂过程。内心有所感悟时才会产生情感，而情感的外露与其内心是一致的，即外在的表情与内在的心情是一致的。就像作者所说的“情先动，动无不得”。作者列举了先秦艾陵之战中吴王夫差的话，吴王说：“我们吴军士气高昂、呼喊声激昂喜悦，吴国准能打胜仗。”从吴王的说话中可以感受到吴王喜悦的心情。又列举了孔子说闵子骞弹琴的例子，当时闵子骞刚刚守孝期满，孔子说：“琴还是这琴，但弹出的琴声音调却不一样了。”孔子强调的是当内心的真情实感流露到外物上时，外物也具有了像人一样的感情。

故日月欲明，浮云盖之；河水欲清，沙石涉之；人性欲平，嗜欲害之。

【注释】

选自《淮南子·齐俗训》。涉：同“秽”，污浊。嗜：贪。

【译文】

所以，日月总是想光芒四射，但浮云遮盖了它；河水总是想清澈见底，但泥沙污浊了它；人的本性是平淡节制的，但贪欲损害了他。

【赏析】

孟子认为：“人之初，性本善。”在此，作者与孟子的观点一脉相承，但作者更强调后天教育对人性改变的重要性。他认为人性之所以变得杂乱污浊而不清净，是因为受到外界灰尘的污蒙，长期生活在不良习俗之中而受到濡染，一旦沾染上不良习俗，就会忘掉原来的本性，变得贪婪了。

胜非其难也，持之者其难也。贤主以此持胜，故其福及后世。

【注释】

选自《淮南子·道应训》。持：保持。

【译文】

取得胜利并不难，保持胜利却很难。贤明的君主因知道这个道理而保持胜利，所以，其所创造的胜利果实能传给后代。

【赏析】

马上打江山容易，朝廷里守江山却困难，这个道理可谓妇孺皆知。春秋战国时期，齐、楚、吴、赵四国都曾战胜过诸侯，称霸过天下，但最终都走向了衰亡。这是因为他们取得胜利后不忧虑、不反思，反而为一点胜利沾沾自喜的结果。而那些明君就懂得这个道理，所以能把胜利果实传给后代。如唐代明君李世民，取得皇位后，能够居安思危，吸取隋亡教训，制定了一系列利国利民的政策，使初唐呈现繁荣景象，为中唐的鼎盛打下了坚实的基础。这一“真理”有着普遍而重要的现实意义，如何保持已有的成果，并取得更大的发展，已成为各行各业注目的问题。

江河之大也，不过三日；飘风暴雨，日中不须臾。

【注释】

选自《淮南子·道应训》。日中：中午。须臾：片刻。

【译文】

长江、黄河发大水，不过三天就退了；狂风、暴雨、当顶的太阳，都只是一会儿的事情。

【赏析】

这里借自然界的变化无常来说明人类的胜败也变化无常。所以，当胜利到来的时候，要谦虚谨慎，时刻要看到危机的存在，加强防备，切勿骄傲轻敌，这样才能确保以前的既得利益。吴王夫差，在取得胜利以后，整日沉醉在酒色之中，不修边防，很快就国灭身亡。历史事实提供了很好的教育素材，我们要从中汲取经验教训，少犯错误。

苟利于民，不必法古；苟周于事，不必循旧。

【注释】

选自《淮南子·汜论训》。苟：如果，假如。法：效法。周：周全，完美无缺。循：依照，遵循。

【译文】

如果能使百姓获益，就不必效法古代的规定；如果能把事做得完美，就不必遵循旧的法则。

【赏析】

“世易则时移，时移则备变。”所以只要把事情做得让百姓获益，不必计较有没有遵循古法。因为社会是不断变化和发展的，若再以变化的事物对应不变的古法，则是十分愚蠢的。治理国家虽然有常规，但要以人民的利益为根本，政治教化也要切实有效。所以法度要随时势的变化而变化，礼节随习俗的不同而变化，这才能有效地治理国家。

千人同心，则得千人之力；万人异心，则无一人之用。

【注释】

选自《淮南子·兵略训》。异：不同的。

【译文】

千人同一条心，就能发挥千人的力量；万人有不同的想法，就连一个人的力量都发挥不出来。

【赏析】

孟子早就告诉我们，在战争中“人和”即人心的向背是最关键的因素。所以当两军交战时，士兵们如果做不到万众一心，就无法形成战斗力，这是很危险的，就算实力大过对方也容易失败。我国历史上有许多以少胜多的著名战役，取胜的主要原因是万众一心。如东晋时期的“淝水之战”，在前秦苻坚率九十万大军南下，企图兼并东晋的危急关头，东晋孝武帝和满朝文武，在广大民众的坚决要求下，也为了保全自己的统治，原来勾心斗角的统治集团选择了抗战道路，他们同心同德，以八万军队击败秦军，保全了东晋领土的完整。和平年代也同样需要发扬万众一心、众志成城的精神，这无论在经济上还是在政治上，都有很强的现实意义。

用兵之道，示之以柔，而迎之以刚；示之以弱，而乘之以强；将欲西，而示之以东。

【注释】

选自《淮南子·兵略训》。

【译文】

带兵打仗的策略是：向敌人显示出不强的战斗力，却用顽强的斗志去迎敌；向敌表现出自己的弱小，却有强大的战斗力去对付敌人；将要从西边进攻，却假装往东面运动。

【赏析】

兵家认为兵不厌诈、声东击西是一种用兵策略。只有制造出假象把敌人蒙蔽了，才容易战胜敌人。战国齐人军事家孙膑在他的兵书中多次提到兵不厌诈的用兵策略，并用这一策略战胜了他的敌手庞涓。

在魏国大将军庞涓率兵攻打韩国，弱小的韩国请求齐国相救时，齐威王拜田忌为主将，孙膑为军师出兵援韩。他们不直接救韩，而是进攻魏国国都大梁。庞涓闻知，不顾士卒的疲劳立即班师，正当庞涓率大军赶回魏国时，齐军已掉头东撤，庞涓下令追击。第一天，见齐军做饭的炉灶够十万人用；第二天，发现炉灶减少了一半；第三天，只剩下二三万人煮饭的炉灶了。庞涓大喜，以为齐兵已损失过半，率轻骑部队，穷追不舍，直追到马陵道。马陵道位于两山之间，路窄难行。但此时的庞涓已被孙膑制造出的假象迷惑，又加上他求胜心切，仍催马前进，结果中了孙膑的埋伏而兵败自刎。

行合趋同，千里相从；行不合趋不同，对门不通。

【注释】

选自《淮南子·说山训》。相从：相互跟从，接近。

【译文】

志趣行为相同的人，相隔千里也能彼此接近；行为志趣不合的人，就是住在对门也不会往来沟通。

【赏析】

“物以类聚，人以群分。”对于那些志同道合的人，他们会克服重重困难而走到一起；而那些志趣不相投的人，思想境界和人生追求不同，说话不投机，想问题做事总是南辕北辙，很难在一起相处。佛教也很注重志同道合，他们称之为缘分，认为一切事物皆由缘分而起。

止言以言，止事以事，譬犹扬堁而弭尘，抱薪而救火。

【注释】

选自《淮南子·主术训》。譬犹：就像。堁（kè）：尘土。弭：息。

【译文】

用言论来制止别人的流言飞语，用行动来平息祸事，就像扬起尘土而平息尘土，抱着柴草去救火一样。

【赏析】

俗话说："画越描越黑。"同样话也是越辩越说不清的。面对那些流言蜚语，自己所能做的就是保持沉默，相信清者自清，浊者自浊，时间会给自己一个清白的。如果用谩骂或再散布流言去攻击别人，以消除对自己的非议，反而适得其反，流言祸事不但不会自动消除，还会流传更广。

欲学歌讴者，必先徵羽乐风；欲美和者，必先始于《阳阿》《采菱》。

【注释】

选自《淮南子·说山训》。讴：歌唱。徵羽：古代五音：宫、商、角、徵、羽，徵羽在这里泛指对古代五音的练习。阳阿、采菱：为古代歌曲名。

【译文】

想学习唱歌的人，必先学习五音的音律和音乐的教化作用。要想演奏好高雅和谐的乐曲，必先从《阳阿》《采菱》开始练起。

【赏析】

基础很重要。只有把基础夯实了，未来的发展才会更快，更顺利。本文以歌唱、习乐为例为我们强调了学习基本功的重要性，凡事都必须先通过学习那些不起眼的基本知识和技能，才能获得想要学到手的高超技能和知识。

见一叶落，而知岁之将暮。

【注释】

选自《淮南子·说山训》。暮：天黑，这里指岁终。

【译文】

看见第一片黄叶落下，就知道一年将要结束了。

【赏析】

俗话说："一叶落而知秋尽。"这句话以发展的观点告诉人们任何事物在它产生和发展以及灭亡前都会有些征兆，人们可以根据此征兆来防患于未然。对客观世界的变化可以推知，对于主观世界也可以推知，唯物主义者认为主观世界受客观世界的影响，所以主观世界的变化也会像客观世界的变化一样，有征兆性。人们可以根据征兆对主观世界的变化见微知著、以分析推理的方式去认识和预见，从而对将要发生的事做出正确判断，制定出指导性的纲领，这样就可以避免盲目行事所带来的损失。

水虽平，必有波；衡虽正，必有差。

【注释】

选自《淮南子·说林训》。衡：秤杆，这里指秤。

【译文】

水虽然很平，但水面仍有水波起伏；秤虽然正确，必然也存有误差。

【赏析】

世界上没有绝对存在的事物，一切事物都是相对存在的。所以没有绝对的纯粹，只有相对的精确。人也一样，人非圣贤，孰能无过，所以，对待自己和他人要一分为二地去客观评判，千万不可绝对地去看一个人。如果绝对地去评判一个人，要么夸大其优点，隐藏其缺点，要么压抑其优点，张扬其缺点，不利于个性的发展，也不利于扬长避短，往往容易使人走向绝对。

逐鹿者，不顾兔；决千金之货者，不争铢两之价。

【注释】

选自《淮南子·说林训》。铢两：古代重量单位，一百颗小米的重量为一铢，二十四铢为一两，这里指极小极微的量。

【译文】

猎鹿的人，不会去顾及兔子；决定价值千金之货的人，也不会为微小的差价而争执不休。

【赏析】

这两句旨在说明做任何事情都不要鼠目寸光，要把目光放得长远些，不要因为眼前的利益而做那些丢了西瓜捡芝麻的事。如曹操因部将许攸拥兵自傲，很是气愤，决定出兵讨伐，但是留府长史杜袭对曹操说："有千钧之劲的弓弩，决不会为了射击小老鼠而开动弩机；万石之重的大钟，不因为小草茎的撞击而发声。"劝谏曹操不要因小忿而与下属大动干戈，伤了和气，因此而失去猛将更是得不偿失。

跬步不休，跛鳖千里；累积不辍，可成丘阜。

【注释】

选自《淮南子·说林训》。跬（kuǐ）：半步。辍：停止。阜：小土山。

【译文】

半步半步不停地前进，即使跛脚鳖鱼也能行走千里之远；堆积土石而不停止，就可以堆积成小山。

【赏析】

工作和学习贵在持之以恒。坚持就是胜利，从某一方面讲坚持就是累积，所以只要不断累积知识和经验，最终必将有所成就。荀子在他的《劝学》篇里还有“不积跬步，无以至千里；不积细流，无以成江海”含意相似的名言名句。

事难成而易败，名难立而易废。

【注释】

选自《淮南子·人间训》。

【译文】

成就一件事很困难，毁损它却非常容易；确立一个好的声誉很困难，败坏它却很容易。

【赏析】

毁事容易成事难，这是颠扑不破的真理。在这纷繁复杂的社会中，要想成就事业和名誉，就要做出很大的牺牲，一但某个环节出了一点问题，所有的成就就会付诸东流、前功尽弃。所以做事要谨小慎微，切记蝼蚁之穴能溃千里之堤。《尧戒》说：“战战栗栗，一天比一天谨慎，人不会被大山绊倒，而往往被小土堆绊倒。”你有可能大风大浪都经历过了，最后却在小阴沟里翻了船。原因只有一个，那就是在大困难面前能谨慎小心，在小困难面前轻视、疏忽、不在意，犯了本不该犯的错。

说　　苑

少而好学，如日出之阳；壮而好学，如日中之光；老而好学，如炳烛之明。

【注释】

选自《说苑 · 建本》。阳：鲜明灿烂。炳：点燃。

【译文】

年少时喜欢学习，像刚升起的太阳那样光明灿烂；壮年时喜欢学习，像中午的太阳那样旺盛；老年时喜欢学习，像点着的蜡烛那样光亮。

【赏析】

其实，学习本身是不分什么时期的，毛泽东就说过："活到老，学到老。"但是学却有一个最佳的黄金时期，那就是青少年时代，毛泽东把青少年视为早上八九点钟的太阳，在这段时期抓紧学习会使自己终身受益。长大以后，思想分散，精神飘逸，对学习会有一定的影响，所以学习必须从小抓起，勿失良机。但是，少年之时被耽误了，中年开始学习，为时也不晚。而少壮之时没有得到学习的机会，老了学习也能有很大的收获，就像晚上秉烛而行一样。因此，学习在什么时候开始都为时不晚。

时过然后学，则勤苦而难成。

【注释】

选自《说苑·建本》。

【译文】

荒废了最好的学习时间，即使勤奋刻苦，也很难成就大业。

【赏析】

自古以来人们就认为，在人一生的学习时间里，青少年时代是黄金时代。古人劝学的名句很多，有“少壮不努力，老大徒伤悲。”“莫等闲，白了少年头，空悲切。”这些句子无不劝人及早学习，因为错过了最佳学习时期，再想学习时无论时间还是身体和记忆力都会大不如从前，到时只能是追悔莫及。

临官莫如平，临财莫如廉。

【注释】

选自《说苑·政理》。临：当着，面对着。

【译文】

做官要公平，理财要廉洁。

【赏析】

古代大小官员的府衙都挂着“明镜高悬”的巨幅匾额，这也说明了大官的基本准则就是公平、公正、廉洁、奉公。所以武则天在朝期间，重用了许多廉洁奉公的宰相，如狄仁杰、张说等，使得初唐呈现蒸蒸日上的景象，为唐玄宗的“开元盛世”打下了坚实的基础。为政者想在人民群众中树立起威信，靠权力和强制是不能实现的，靠的是自身的公正和廉洁。

泰山不辞壤石，江海不逆细流，所以成大也。

【注释】

选自《说苑·尊贤》。辞：推辞，拒绝。逆：不接受。

【译文】

泰山不拒绝任何土壤、石块，大江大海不拒绝流来的细小支流，才能形成巍峨的山峰和宽大的江海。

【赏析】

以泰山和江海的宏伟和宽广来劝世人要虚怀若谷，只有谦虚才能进步。但谦虚的前提是要能像泰山、江海那样卑下，这样才能听取别人的建议和意见，才能强壮自己。否则，始终把自己封在自满的箱子里，不接受各种意见是永远不能变伟大的。

骐骥騄駬足及千里，置之宫室使之捕鼠，不如小狸。

【注释】

选自《说苑·杂言》。骐骥、騄駬：均良马名。狸：野猫。

【译文】

骐骥騄駬虽然是千里马，但放在房子里捕老鼠的话，它还不如一只小野猫。

【赏析】

只有扬长避短才能在竞争中取胜。如果以己之短对人之长，只能是自取灭亡。这里的千里马就是个失败的例子，它应该去与马赛跑，而不该与猫比捉鼠，离开了施展其才干的条件，遇事将束手无策。世上任何事、任何人都不是完美无缺的，都各有其长，亦各有其短，应使用其长处，避开其短处，使物尽其用，人尽其才。

论　　衡

文人之笔，劝善惩恶也。

【注释】

选自《论衡·佚文》。劝：提倡。

【译文】

文人写的作品，是为了提倡美好、惩罚邪恶的。

【赏析】

“文以载道。”所以自古以来大多数文人都认为文章的主要功能在教化。如果起不到教育人和转变社会风气的作用，文章就是写得再美好也是没有意义的。所以古人弄文作诗就非常注重它的教化作用。如孔子删定的《诗经》，孔子认为诗有启发鼓舞的感染作用，有考察社会现实的作用，有互相感化的教育作用，有批评不良政治的讽喻作用。

人才有高下，知物由学，学之乃知，不问不识。

【注释】

选自《论衡·实知》。

【译文】

人的才能有高下之分，要想了解事物就得开始学习，只有学习了才会明白，不问是不会认识事物的。

【赏析】

这里强调的是在治学中“问”的重要性。只学不问是不能获得学问的。因为自己能力、经验所限，需要向人求教以获取更多知识。首先我们应向有广博见识的人学习；其次，是向有实际经验的人学习，由于事物广泛复杂，每个人的实践经验各不相同，任何博学者也不能完全掌握别人的实际经验，因此，每一个实践者都有局部的个别的具体经验可供别人学习，这也是博学者需要学习的。总之，知识是靠又学又问获得的。

不学自知，不问自晓，古今行事，未之有也。

【注释】

选自《论衡·实知》。

【译文】

不通过学习而能自己知道的，不去请教他人而能自己通晓的，从古到今没有这样的事。

【赏析】

在这里王充强调了学习的重要性。他认为获得知识的途径有三种：通过自我感觉获知的叫“感知”；通过自己思考获取的叫“思之”；通过向有学问、经验的人学习获得的叫“学知”。其中学知是王充比较推崇的获知方法。向有广博知识和实践经验的人学习，可以很快了解和掌握广泛而复杂的知识，也就是说学和问是获取知识的捷径。

君子不畏虎，独畏谗夫之口。

【注释】

选自《论衡·言毒》。谗：说别人坏话。

【译文】

品德端正的人不惧怕凶残的老虎，唯独惧怕那种造谣中伤、搬弄是非的人。

【赏析】

俗话说：“唾沫能淹死人。”可见谗夫之口比凶猛的老虎更让人害怕。因为那些造谣中伤、搬弄是非的人，为了达到个人目的，往往编造事实，恶语相加。而那些听信谗言的人，以编造者的口说为是，不加求证就信以为真，这样必然给正直的人带来很大麻烦。此言是王充在列举了各种毒虫猛兽之后，得出造谣中伤、搬弄是非的人是最大的毒害者的结论，因此告诫为政者，要远小人，亲贤臣，让有品德和才华的人在治国治民中发挥才干，国家才会兴隆。

两刃相割，利钝乃知；二论相订，是非乃见。

【注释】

选自《论衡·案书》。订：核正，这里是比较的意思。

【译文】

两刀刃相互切割，谁利谁钝立刻就能知道；两种对立的理论相互比较，谁对谁错就会更加清楚。

【赏析】

王充认为两种事物只有相互对照，才会显露优劣；两种理论只有经过交锋和论辩，才能知道谁正确。这也就是说实践是检验真理的唯一标准。王充在《论衡·薄葬》中说："事情的好坏，没有比它具有的效益更能说明问题的了；推论是否正确，没有比有确凿的证据更具有说服力的了。"这两句话与上述两句话具有相同的道理。

夫天者，体也，与地同。

【注释】

选自《论衡·祀义》。

【译文】

天是一种物体，与地是相同的。

【赏析】

自古以来，不管是由于当时生产力所限还是由于政治需要，几乎所有有学问的人都认同“天人感应”一说。但是王充却敢冒天下之大不韪，认为天是客观存在的自然物，天象变化也有客观规律，是不以人的意志为转移的，就像太阳朝出暮落一样。所以人的行为不能感动天，天也不跟随人的意志而行走，那些所谓的天人感应、灾异谴告，实际上都是人们编造出来的。王充借助于天文学的科学成果，否定了天人感应说，这在当时是极具进步意义的。

诸生能传百万言，不能览古今，守信师法，虽辞说多，终不为博。

【注释】

选自《论衡·效力》。

【译文】

诸生传诵百万言的书，却不能通晓古今，只遵守老师教给的知识，即使言辞再多，终究不能博学多闻。

【赏析】

读书最忌读死书和死读书，那样培养出来的是呆子而不是人才。要想成为知识广博的人，只学一经，只守一家的办法，是不能达到目的的。所以，要广博群家之言，锻炼思维，提高分析问题的能力；还要善于创新，对所学知识要融汇贯通，要多闻多见，知古今行事。王充的只强调博，不强调专，在当今社会中也是行不通的。

命有贵贱，性有善恶。

【注释】

选自《论衡·本性》。

【译文】

命有贵贱之分，性有善恶之别。

【赏析】

王充在此强调了后天教育的重要性。他认为人之性是可以相互转化的，并举了一个非常著名的例子：子路原来是个很坏的人，经过孔子教育后，终于成了贤人。可见人性善恶的转变，与后天的教化有着重要的关系。王充的人性善恶论与先秦诸子的人性论有着许多相似的地方。

恶人之命不短，善人之年不长。

【注释】

选自《论衡·福虚》。

【译文】

恶人的生命并不短，好人的生命并不长。

【赏析】

王充是一个唯物论者，也是一个无神论者，所以他认为人的自然寿命与人性的好恶并没有直接关系，所谓的善恶有报只是人们对宗教的一种美好寄托，真正决定人生命长短的因素在于其自身的身体状况。所以人的善恶行为不能决定人生活中的祸福，决定生命中祸福的是个人的机遇，有些道德高尚的人经过百般挫折，不能实现自己所追求的目标。与此相反，有些缺德少才的人却青云直上，富贵逸乐，这些现象都是环境机遇造成的。所以说环境机遇不以人的意志为转移。

畏惧则存想，存想则目虚见。

【注释】

选自《论衡·订鬼》。

【译文】

害怕恐惧就有了幻想，有了这个幻想就好像亲眼看见了一样。

【赏析】

人死如灯灭，世界上是没有什么鬼魂的，如果有，自有人以来这个世界会有多少鬼？这个世界还装得下吗？所谓见鬼，是由于忧虑、畏惧、病重体虚和精神恍惚所造成的，是主观上的虚幻和错觉，并非客观实际。这种“存想则目虚见”的现象，被现代科学认定为精神上的臆想，是虚幻的，不实在的。王充这种无神论的观点，在科学不发达的当时，具有重要的进步意义。在科学发达的今天，再有人认为人死会变为鬼，那就是一种封建迷信了。

经典国学口袋书

01 周易
02 道德经
03 庄子
04 论语
05 孟子
06 大学·中庸
07 孙子兵法
08 三十六计
09 百战奇略
10 六韬·三略
11 山海经
12 左传
13 战国策
14 史记·本纪
15 史记·世家
16 史记·列传
17 汉书
18 后汉书
19 三国志
20 吕氏春秋
21 资治通鉴
22 中国通史
23 中华上下五千年
24 贞观政要
25 中国古代文化常识
26 中国古代名言警句
27 徐霞客游记
28 容斋随笔
29 金刚经
30 忍经·劝忍百箴
31 忠经·孝经
32 智囊
33 梦溪笔谈
34 本草纲目
35 黄帝内经
36 菜根谭
37 小窗幽记
38 颜氏家训
39 围炉夜话
40 曾国藩家书
41 诗经
42 楚辞
43 古诗
44 唐诗三百首
45 宋词三百首
46 元曲三百首
47 千家诗
48 豪放词
49 婉约词
50 世说新语
51 笑林广记
52 古文观止
53 唐宋八大家散文
54 诸子百家名句赏析
55 四书五经名句赏析
56 二十五史名句赏析
57 古代散文名句赏析
58 古代诗词名句赏析
59 红楼梦诗词名句赏析
60 阅微草堂笔记
61 闲情偶寄
62 三字经·百家姓
63 幼学琼林
64 声律启蒙·弟子规
65 千字文·增广贤文
66 对联
67 俗语
68 谚语
69 歇后语
70 格言联璧
71 中华寓言故事
72 中华典故故事
73 中华成语故事
74 中国十大喜剧故事
75 中国十大悲剧故事
76 中国皇帝传
77 中国皇后传
78 中国宰相传
79 中国将帅传
80 白话聊斋

三 秦 出 版 社

地处周秦汉唐千年古都西安的三秦出版社，建社30多年来始终以弘扬和传播优秀传统文化为己任，依托三秦大地无比丰厚的历史文化积淀，出版了大批特色鲜明、极具文化传承价值的精品图书，创造了良好的社会效益和经济效益。为顺应构建全民阅读时代、建设书香社会的需求，我社经充分调研策划，从浩如烟海的国学宝库中精心遴选，编辑出版了“中华经典国学口袋书”系列丛书，包含经史子集、诗词曲赋、笔记信札、经典名句等80部精品佳作，内容精粹，外观精美，便于携带，定会为您居家出行增添颇多书香雅趣。

54-7 【山庄图】卷 局部 〔宋〕李公麟 中国台北故宫博物院藏

54－7　【山庄图】卷 局部 ［宋］李公麟　中国台北故宫博物院藏

母

母亲

母亲

洪　烛◎著

时代出版传媒股份有限公司
北 京 时 代 华 文 书 局

图书在版编目（CIP）数据

母亲 / 洪烛著 . -- 北京 : 北京时代华文书局， 2016.6
ISBN 978-7-5699-0954-8

Ⅰ . ①母… Ⅱ . ①洪… Ⅲ . ①散文集－中国－当代
Ⅳ . ① I267

中国版本图书馆 CIP 数据核字 (2016) 第 110884 号

母　亲

著　　者 | 洪　烛

出 版 人 | 杨红卫
选题策划 | 王其芳
责任编辑 | 刘媛媛　冷　瑜
美术编辑 | 刘　煜　黄世云
装帧设计 | 刘　煜
责任印制 | 刘　银

出版发行 | 时代出版传媒股份有限公司 http://www.press-mart.com
北京时代华文书局 http://www.bjsdsj.com.cn
北京市东城区安定门外大街 136 号皇城国际大厦 A 座 8 楼
邮编：100011　电话：010 - 64267955　64267677
印　　刷 | 三河市春园印刷有限公司　0316 - 3160786
（如发现印装质量问题，请与印刷厂联系调换）
开　　本 | 787mm×1092mm　1/32
印　　张 | 6
字　　数 | 104 千字
版　　次 | 2016 年 6 月第 1 版　2016 年 7 月第 1 次印刷
书　　号 | ISBN 978-7-5699-0954-8

定　　价 | 35.00 元

1

母亲重病住院，我在病房看护。整整一夜，眼睁睁看着这个浑身插满各种输液管的女人昏睡在病床上，像落入蛛网的猎物不断地呻吟、挣扎……我坐在一旁，束手无策。揪心的牵挂中，只希望自己的存在能替她吓退那黑暗中潜伏的蜘蛛。至少，让她的痛苦并不感到孤独。她头顶的电脑屏幕，显示着剧烈波动的心电图。一会儿跃上波峰，一会儿跌入低谷。母亲，不是我在帮助你，只要曲线未从眼前消失，就是对我的帮助：我经得起这颠簸起伏。想象这是母子俩结伴旅行——我坐在床边过道上，是硬座；而你，是软卧……整整一夜啊，放心，我会一秒钟、一秒钟地数！

2

不曾这么长时间端详母亲呢：整整一夜，让我好好看看你。皱紧的眉头，在跟病痛较劲儿。昏睡的面庞老了多少岁？蓬乱的头发，白的多，黑的少——夜色中布满刺眼的闪电。回想起童年印象：年轻的妈妈，扎过乌黑油亮的大辫子。眨眼之间，你牵着的那个孩子，已步入中年，也开始有白发了。今夜，又将增添不少？将近二十年，我一直在外地，隔好久才回来见你一面。每次都很匆忙，加上不够用心，没有太注意你身上这么多的变化，这么大的变化，全攒在一起，吓我一跳。也许应该感谢这场病？是它提醒了我，并给我提供一个整夜凝视你的机会。我要把欠你的关注全部偿还。

3

人是铁，饭是钢。很多年了，母亲像吃饭一样吃药。一日三次，大把大把吃各种各样的药片，开水冲服，对付身上各种各样的病。她的生命完全靠药物维持着。“妈妈，药苦吗？”“因为我的命更苦，就不觉得那药苦了。”这是想象中的一段母子对话。我从来没敢这么问。即使敢问，也不敢确定她会这么回答。母亲构成我命中的乳汁与蜜。可她自己的命像黄连一样苦。“我最大的痛苦就是：想减轻你的痛苦，却没有办法。妈妈啊……”

4

以上这几段文字，是我在母亲的病房写下的。当时接到家中紧急电话，匆忙赶回南京，在母亲入住的医院陪护了两个白天和一个夜晚。她醒着的时候，我坐在床边，轻轻握住她那无力的低垂的手，希望能给她些许安慰、些许力量。等她服药入睡后，病房静得唯有输液管水滴的声音，我掏出纸和笔，胡乱涂抹些字句，既打发漫漫长夜，又平息纷乱思绪。想不到这一天来得如此之快，让我措手不及。写下以上几段文字时，母亲还活着，我原本指望她康复后能看看呢，可惜她再也看不见了。这时我才知道：在此之前写的每一个字、每一篇文章都是幸福的，因为我是有母亲的人；从那之后，我将以半个孤儿的身份，写下每一个字、每一篇文章，带有淡淡的苦涩。剩下的都是回忆。我只能靠漫漫回忆继续拥有着唯一的母亲。

5

最后一个早晨，母亲醒来后，问我一夜没睡，累吗？问我跟单位临时请假，方便吗？她一辈子都是这么个人：生怕给别人带去不方便，包括对自己的儿子。她又跟我追忆了一下犯病的情况，说那天不该出去晨练，结果冻感冒了，触发了心肌梗塞。她语气平淡，但看得出内心挺后悔的，不仅后悔自己发病，同时后悔因为发病给亲人带来麻烦。我并不知道这是她生命的最后一天，她也不知道。或许她隐约有所感觉，故意装作不知道？她自言自语地重复医生的话："这七天都是危险期。七天后就能由重症病房转入普通病房。今天已第三天了……"似乎说给我听的。她的早点是几汤匙稀饭。怕增加心脏负担，医生不让她多吃东西。她悄悄告诉我她很饿，表情像一个老了的孩子。我握住她的手，让她忍一忍。她就忍住了。医生过来查房、量体温，母亲很乖地躺着，用胳膊夹紧温度计；我坐在床边，向医生咨询着病情，觉得自己像母亲的家长。"妈妈，你可要挺住啊，儿子给你撑腰呢！"

6

父亲来了，替换我，让我回家休息几小时。我补睡了一会儿，起床后在空荡荡的家里转一圈，忽然有种凄凉的感觉。母亲不在家，家不像家了。泪水控制不住流了出来。赶往医院，在母亲病床前站住，她的病情又加重了，我觉得心都跳到嗓子眼里，很疼很疼。父亲和我连忙通知医生，医生、护士纷纷涌入病房进行抢救。我被赶到门外，只能透过门缝往里看。母亲疼得受不了，翻身从床上坐起，去找地下的拖鞋。一定想回家吧？医生把她按住，然后使用医疗器械进行抢救。我永远忘不掉母亲侧身坐起的背影，想起身回家的背影。可惜不能上前搀扶她，只能站在门口泪流满面地看着。她的命啊，不掌握在我手里，也不掌握在自己手里，甚至不掌握在医生手里，彻底掌握在上帝手里……在上帝面前所有人都是无能的。两个多小时的抢救最终无效，母亲停止了呼吸，也结束了痛苦。我承受的另一种痛苦，无法减轻，逐渐增强。“妈妈，我只能接你的灵魂回家了。”一个儿子最大的痛苦，莫过于亲眼目睹母亲的死却无能为力？但比起母亲离去时自己不在身边要好一点吧？我这样安慰着自己。

7

其实母亲发病送往医院抢救时就很危险。在急救室度过惊险的一夜，母亲缓过来，坚持了三天。医生说母亲的心肌大面积坏死，十二根血管堵塞九根，只有十分之一的生还可能。母亲硬是坚持了三天。父亲说母亲在等我呢。等我请假、买票、整理行李，从北京赶回南京，等我见最后一面，等我陪伴她两天一夜。从十八岁离开故乡，到外地生活二十二年，这是我最伤心的一次还乡：为了同母亲诀别。“妈妈，谢谢你忍住剧痛坚持着，谢谢你给了我生命，同时又给了我你最后的两天一夜！”原谅我吧，原谅我带给你的二十二年离别，原谅我在这两天一夜里没能多做些什么，但愿我的陪伴多多少少减轻了你的疼痛与恐惧。

8

因为三天的治疗和最后的抢救，母亲身上有针眼和小块淤痕。因为心脏衰竭引起窒息，母亲脸色发青。我成为一位受难的儿子：和医院护士一起擦拭母亲的身体，给她取下病号服、换上寿衣。再一次握住她变冷的手，她已没有感觉。她不设防地躺在我面前。就像我诞生时，也曾如此不设防地躺在她怀抱里。这才是我真正的出生地！我的出生地不是南京，不是南京某医院，而是南京的一位普通市民，而是眼前这个沉睡的女人。她在我心目中比一座城市还重要。正是她使我跟这座城市产生了联系。“失去母亲，等于失掉最遥远的故乡，故乡中的故乡。”

9

根据本地风俗，须在三天之内把死者安葬。我尚未从丧母之痛中反应过来，就和父亲、弟弟、弟媳一起，分摊了联系殡仪馆、在家中布置灵堂、购买墓地、举办追悼会等一系列任务。幸好南京亲戚多，大家都在帮我们这个小家。当晚我办的第一件事是去派出所开具死亡证明并注销母亲的户口。值班民警将母亲那张卡片从家庭户口簿里抽掉，我仿佛看见上帝的手——如此轻而易举地从人间夺去母亲。才明白什么叫命比纸薄啊。第二天一大早去火葬场确定遗体告别仪式及火化时间，又赶赴普觉寺公墓为九泉之下的母亲挑选一处“商品房”（虽然只有一平方米，毕竟是她的新家呀）。父亲与弟弟留在家中，接待前来吊唁的亲朋好友。灵堂已布置好，母亲的遗照被放大后镶进相框，供奉在桌上。她的微笑使我看了倍感酸楚，那种滋味无法形容。第三天是追悼会和葬礼。我怀抱母亲的骨灰盒（感觉里面还是热的），弟弟捧着母亲的遗照，走在队伍最前面。当骨灰盒被封进墓穴，我与母亲之间一场真正的离别开始了，下意识地喊出一声“妈妈”；几乎忘掉自己已是不惑之年，转瞬成了一个牵着妈妈衣襟怕迷路的儿童。我一生中最牵肠挂肚的一声呼喊，可惜她听不见了。我喊给自己听的吗？“妈妈，我会想你的！”

10

家中有两张写字台，父亲一张，母亲一张。他们当了一辈子教师，以前房子小，把写字台面对面摆放，各坐一边，看书、备课、写论文，弄得家也像办公室。后来搬进新房子，换了两张新的写字台，书房一张，卧室一张。每逢我回乡探亲，书房里那张供我使用。写诗之余，往敞开门的卧室看一眼，总见到父母并排挤坐在靠墙摆放的写字台前，父亲还在写他的论文，母亲已退休，仍然喜欢拿一杆笔、一沓纸，每天写日记，或练钢笔字帖。他们都老了，又一次成为同桌，面壁而坐，各忙各的。从我这个角度望过去，只看见他们肩膀挨着肩膀并排而坐的背影和花白头发。我觉得就是所谓的幸福吧，虽然看不清他们的表情与想法。他们仿佛这样坐了一辈子，由年轻到老，又由老变得年轻——直至像两位正在赶写寒假作业的小学生？那么单纯、那么安静，忙着眼前的一点事，顾不上从什么时候开始的，又将什么时候结束。他们看不见自己，也没扭头看对方，更没注意到身后远远站着的我。我看见了他们缓缓回放的一生。屏住呼吸、放轻脚步，生怕一眨眼，画面就从眼前消失。“诗还需要写吗？这不就是诗吗？”身在异乡，想起父母，头脑里首先浮现出这样的情景。似乎他们仍然在写字台前并肩坐着。似乎我仍然在他们身后远远望着。

11

母亲最让我担心的就是她的身体，一会儿生这个病，一会儿生那个病。想起母亲，就想起她正患着的某种病。无意间听人提及某种病的名称，就会下意识想起患有这种病的母亲。母亲的名字快和病的名字搅和在一起了。陪伴母亲这么多年，我逐渐熟悉了各种各样的病——饱受病痛折磨的母亲的面容，却变得越来越陌生。记忆最深处的她原本很年轻，瞧瞧变成什么样子了？先是皱纹出现，接着白发增多。随着牙齿一颗颗脱落，腮帮下瘪，脸的轮廓变形。表情迟滞、动作缓慢，身体像一台运转得越来越费劲的机器。病往相反的方向使劲拖拽着她。她快要走不动了……最后一夜，病情发作，她呼吸困难，大口大口哮喘，嘴唇哆嗦，面部肌肉颤抖，眼睛也快睁不开了。守在病床前的我，不敢看，不忍心看，又不得不看。母亲留给我的最后印象：她已成了病的活标本。我无法把她从病的重重束缚中解救出来。只能紧紧握住她垂落在床边的手：希望以此带给她力量，又给自己带来安慰。“唉，在病面前，我们都是无能的。”

12

母亲没了，我在一夜之间成为半个孤儿。无法再冲着谁喊“妈妈”了。对着空气喊，母亲也听不见。母亲没了，内心的童年才真正结束。“即使最幸福的人，迟早也要变成孤儿的。”母亲没了，天塌下一半。我哭，是在下一场自己的雨。母亲，你的墓地是我见过的最伤心的废墟。

13

哪是我在替你挑选呀，分明一小块土地，早就远远等着你。离绿水不远，离青山更近，刚好一平方米，构成最小的房地产，你的下辈子将在这里度过。替你安顿另一个家，同时替你选择左右的邻居。“互相关照吧，我妈妈人很好的……”什么叫墓碑？分明是一块石头，打磨光滑，等着刻下你的名字。记住：松竹园 30 区 1 排 16 号，你的门牌号码……到时候我给你写信，能收到吗？你是我的出生地，可我活到今天，不得不接受这项使命：替你寻找一块称心的墓地——难道就是我活着的意义？

14

多拿点钱去花吧，妈妈。你舍不得吃，舍不得穿，攒下的工资全用在我和弟弟身上。等到我们长大了，你还舍不得花，那么几套旧衣服，翻来覆去的穿；吃点盐水鸭，就觉得改善生活了……你没享受过的东西太多，妈妈，拿点钱去花吧。你用的物品都是廉价的，兜里揣的钱币都是小额的，逛的都是不用买门票的公园，习惯了挤公交，只打过一次的士——还是因为天黑迷路了，妈妈，那么省干吗呢？别说吃穿了，你连病都舍不得看。直到躺在医院，还悄悄问爸爸："医疗费能报销吗？"怕给家里增加负担。为什么不对自己好一点呢，妈妈，多拿点钱去花吧。我和弟弟早学会挣钱了，我们挣钱，最想给你花的呀，在另一个世界，你一定要学会花钱呀，学会把钱花在自己身上……多带点钱去吧，妈妈。我们烧的是纸钱，你都会心疼。别那么省：即使真正的钱，也不过纸做的呀。妈妈，多买点好吃的，多买点新衣裳，不够了就跟我和弟弟说一声，多要点钱去花吧——一辈子省这省那的妈妈呀。

15

找出母亲穿过的新旧衣服，大包小包捆好，带到坟山上去烧。找出老花镜，虽然那双眼睛早就合上了。找出梨木梳子，才想起梳过的头发已变成灰。找出碗筷、纸笔、鞋子，都给她带上，另一个世界用得着。找出一本翻卷了边的歌谱，仿佛听见哼唱的嗓音。找出那把钥匙，仍然属于远行的母亲，家门永远为她留着："想了就回来看看吧……"找出梳妆镜，没有打碎，可镜子里的人消失了。再在房间里好好找一找，看看还有哪些东西，是母亲忘了的。她的日记停止在住院前那几天，也许想抽时间继续下去？经历过一次死，字迹是否还能保持那种娟秀与细致？未来的日日夜夜，只能从空白里阅读了。一个人活了一辈子，留下的遗物就那么一小堆。找来找去，偏偏忘了自己——我不正是母亲最大的遗物吗？"她不放心的还是我啊……"总算替母亲把自己给找了回来：这才是最可靠的纪念。

16

不敢回忆，一回忆就心痛。越是美好的回忆，越让人心绞痛。“有不美好的回忆吗？来一点吧。”不美好的回忆也变得美好了。头脑像一台不听使唤的放映机，一会儿正着转，一会儿倒着转，投射出来的影像有的模糊，有的清晰。记忆中的母亲忽而苍老，忽而年轻。“原来我一直是你的专职摄影师啊，只不过无意识做着这一切，直到某一天，把你的一大堆遗像进行整理……越整理越凌乱。我不仅看见各个年代的你，还看见活动在你身边的我自己。莫非还有另一个人，从不易察觉的角度，把我和你的交谈与活动给偷拍下来了？”不敢回忆，一回忆就露馅儿：原来所有的遗忘都是假的，为了欺骗自己。

17

母亲在南京生活一辈子。我长期漂泊在北京，想起南京，总觉得那是母亲的城市。有时把母亲当作南京，有时把南京当作母亲。母亲没了，南京，你在我心中的份量顿时轻了一半：少了对于我最重要的一个人。整整二十多年，全部剪辑成一幅幅画面：母亲曾经在卫岗5路汽车站和下关码头送我，曾经在南京西火车站接我，直到生命的最后几天，还充满信心又不无担心地躺在军区总医院重症病房等我……要么是为了相聚的告别，要么是为了告别的聚会，循环往复，直至告别与聚会皆成为不可能。再想起南京，心情反倒变得格外沉重：在城南，在普觉寺的山坡上，有我母亲的坟。

18

母亲，你是离我最近的亲人中第一个远去的。四十岁的时候，我失去你，随即进入后半生。你让我懂得什么叫悲伤，真正的悲伤。以前的悲伤统统变成为赋新词强说愁，有悲而无伤。第一次啊，我看见自己血淋淋的伤口。更严重的是：这种伤口永远无法愈合。就当是前半生享受的母亲所必须支付的代价。我欠你的太多了。只能偿还给空气，却无法偿还给你。爱也是一笔债务呀！

19

为了不至于感到太孤独，母亲，请允许我假设你还活着。你曾经是我的大后方，可从那一天起，后方没有了，我只能头也不回地往前走。请允许我假设你还活着，还在故乡的那扇窗口耐心等着，我的背影是留给你看的。不敢回头啊，以前怕看见流泪的你，现在怕回头看不见你。母亲，欺骗自己是否算一种错？多么希望你在错误里活着。免得我感到前面空空的，后面也空空的……

20

母亲走了，她写在纸上的字仍然活着，仿佛屏住呼吸，等待我的阅读。她临终前不久的一篇日记，里面还提到我，提到对我的想念。天冷了，她担心北方会更冷，生活在北方的我能扛得住吗？她生命里的某一天，被几百个汉字给浓缩了。可惜归来的我，无法陪伴母亲了，只能静静陪伴母亲留下的字迹。字写得歪歪斜斜，跟她病中的心情比较吻合——似乎有一股风，吹着这些字也吹着写这些字的母亲。多想伸手扶她一把啊，却再也够不着……记不清那一天我在外地做些什么，是否感受到母亲低声的呼唤？平日里我真够麻木的。它被保留在纸上，拖延至今我才听见。心猛地揪紧了。正如母亲笔下那些在风中揪紧的字。她不怕冷，只怕和亲人的离别。我也如此。离别比天气更冷。离别使我们无法相互取暖。幸好，纸上的字隐约有母亲的语气与体温。

21

母亲前一次患病也住过医院，出院后开始想写日记。每天除了坚持服药，总要抽几个钟头，在日记本（其实是一大沓方格稿纸）写几笔。直到临终前几天，两年间不曾中断。估计多少受父亲和我的影响。父亲经常伏案备课、写讲稿，而我回家度假，也没停止写作，一有灵感就往方格稿纸上写诗、写散文。母亲一定偷偷关注过这父子俩专心书写的神态，挺羡慕。她退休十几年闲居家中，常叹息于社会是多余的，为此心情不大好，最后两年培养起写日记的习惯，终于找到对付寂寞的办法。我每次还乡，总要看母亲的日记，并鼓励她坚持下去："这是寒假作业（或暑假作业），我下次回来要检查。"母亲果然像小学生一样听话。母亲越老，越来越像孩子，日记里流露很多天真的东西。譬如 2007 年 5 月 3 日：“今天是五一黄金周的第三天，我们天天牵挂着的儿子终于从北方回来了，我和他爸无比高兴，真正享受着一家团聚的天伦之乐！我们一家好像已经成了狗的好朋友；今天去幼儿园前面草地晨练，那只好久未见的雪白的肥胖的乖乖狮子狗对我们表示出特别亲热的样子，好像在说‘欢迎，欢迎，欢迎你们的儿子归来’。要知道，儿子跟我们一样非常喜欢小狗的。喜鹊飞在幼儿园的房顶上不断歌唱，也好像在欢迎我们的孩子，要知道他是这个幼儿园的首批小主人！”生活在她眼中像童话一样。她晚年生活在童话世界里。有了父亲和我作为读者，母亲写日记写得更带劲。可惜她没来得及学会电脑，否则会在新浪开博客的。

22

母亲没留下遗书、遗言。到临终前都不知道自己真的会死，她跟弟弟开玩笑说“我要一直活下去”。她死时没有恐惧、没有牵挂，连一句遗言都没留下。日记就是她的遗书了。在母亲的灵堂守夜，弟媳妇从日记里随手抽出一篇，念给大家听。母亲半年前写的，回忆上一次住院的心情：“记得这是一年半以前的事情，当我知道第二天就可出院回家的时候，我带着兴奋的心情睡着了。半夜醒来，朦胧中好像上帝在对我说，你把这包药带回家按时吃，它能使你忘记过去生活中所有不愉快的事情，而能帮你记住过去生活中所有美好的事情。啊！我想上帝的胸怀有多大？太大太大了，似乎能装下整个人类整个宇宙，假如我们也拥有这种胸怀，人和人之间再也不会有仇恨再也不会有战争了。我带着这种心情在家生活的一年半以来，这药果真见效，我每天都好像有要做而做不完的事，有高兴而高兴不完的高兴，有感激而感激不完的要感激的人。心情平静和愉快了，也就不感觉有什么病了。为什么在今天会想起这一年半以前的事情呢？因为我有点害怕，害怕自己现在怎么又记起一年半以前的事情：在医院里紧紧张张的每一天，共两个月。为什么说紧张？首先害怕检查不完的检查，还害怕天天要挂的输液针，更害怕听到我最怕听到的病人痛苦的呻吟……现在回忆起来，住院也许是一件好事情，是亲人的一片好心，帮我治好了以前的大毛病。”念着念着，弟媳妇哭了，她想不到不善言谈的婆婆有如此丰富而细腻的内心世界。父亲、我、弟弟也流泪了，仿佛听见母亲还在窗前喃喃自语。母亲这一次住院，不如上一次那么幸运，没法回到她深爱着的家，没法回到她每天晨练的幼儿园草坪，也没法继续写她的日记了。权且把这篇日记当作母亲无意识地提前写下的遗书，可看出她最后的时光是满足而安详的。母亲的情怀在我眼中，已接近于她理想中上帝的胸怀：天高云淡，风平浪静……我特意把日记装进旅行包，从南京带回北京。在北京安家快二十年，母亲还从没来过呢。她总推托等身体好些，再来；她希望我多回几次南京，甚至还劝我调回去。我知道她对我一个人在外地不放心。“妈妈，以前我没法多陪你，以后，我会多陪陪你写下的这些字，经常翻出来看一看。”

23

我这几年像有什么预感似的，总想抽时间回南京探望母亲，除了春节，把五一、十一长假全用上了。充分享受到长假（两个“黄金周”）带来的便利。简直为我而设立的？从明年起，法定的长假又取消了。前些年的长假，给我和母亲团聚创造了条件。回南京休假，总要搀扶母亲去附近散步，或在幼儿园门前草坪荡秋千、玩健身器械。母亲去世，读她的日记，才知道每次相聚都在剩余的离别时光里给母亲带去回忆的材料。2007年5月5日母亲写道：“我们这栋房子南边一排石榴树的花朵已经盛开了，而房子北边的几棵石榴树却一朵花也未开。事情怎么这么巧合？孩子从北方回来的那天起，北边的石榴树也开始开花了，大概比南边的迟半个月吧。虽然是迟开的花朵，还是令人高兴的。记得去年孩子回来的时候，他几乎每天都要陪我出去转转。现在孩子他爸每天清早陪我去晨练，因为我的腿不太好，走得慢，所以都是先下楼，站在房子北边的这棵石榴树下等他，这样对这棵看起来并不太高的石榴树产生了一种特殊的感情。它让我回忆起每一次和孩子一道走到附近池塘和操场的新鲜感触！带着家门口这棵不开花的石榴树已经盛开的心情，向幼儿园门前草坪的方向走去晨练，一股清香味扑面而来，原来是工人们在割草，割草对小草而言就像给孩子剪头发一样，令人焕然一新、更富有生命力。石榴树的花朵美丽却没有花香味，旁边的小草却有一种优雅的清香。两者的配合是何等的好啊！怪不得孩子都爱唱‘没有花香、没有树高……伙伴遍及天涯海角’的《小草》歌谣。树木离不开小草就像人们离不开自己的儿女，否则就会孤独和枯萎。记得《小草》这支歌谣还是我的两个孩子教我唱会的。”陪母亲走过的路，以后我只能独自走了。幸好石榴树还在，明年初夏再开花，就当替我献给母亲的。那时候，母亲在哪里？我在哪里？母亲凝视过的石榴树，不动声色坚守在原地，是否会忘记凝视过它的母亲？开花的时候请小心点，我会感到疼的。

24

母亲退休之后，生活的节奏慢了下来。每天就那么点家务事，淘米煮饭、洗衣晾晒，她总要做好久，尽量拖延干活的时间，甚至开灯关灯都很仔细。我长期在外地，父亲与弟弟也总忙个不停，与母亲的慢形成鲜明对比。母亲是否为自己感到着急？为打发寂寞，她逛遍南京的风景点，最怕回到家中，灯还是黑的。可她从不好意思向亲人提出多陪她一会儿，怕自己的慢耽误了别人的忙碌？生了一场重病，腿脚不太灵活，母亲的动作也变慢了，不再走远，只在附近散散步，每回上下楼梯，都要紧紧抓住扶手，走几级台阶停一下、喘口气，仿佛重新变成蹒跚学步的儿童。她散步时摔过一跤，从此走得更小心，也更慢了。衰老意味着减速，我通过母亲的缓慢与迟钝感受到她的衰老，却帮不上任何忙。因为我还在加速，离母亲越来越远。只能利用假期回到故乡，努力放慢脚步，搀扶母亲走一走。我从这难得的慢里面慢慢体会到母亲的爱，以及自己对母亲的爱——在平日的快节奏中经常忽略的。两种爱，因为快与慢的区别，注定是不平等的：母亲，忙碌的我欠你的太多。原谅我经常把你抛在脑后，而你，几乎每天每夜都想着我呀。每次休完假，我只要离开，母亲才感到快，总说假期怎么过得这么快？快乐总是快的，而思念是一种慢。慢性的煎熬。对于我这唯一不在她身边的亲人，母亲想得最多，度日如年地盼望我下一次的归来。她经常跟父亲念叨，为各种节假日倒计时：“离春节（或五一、十一）还有一个月（或多少天）……”其实在掐算还需等多久儿子才能归来。“妈妈，我对不起你，对不起你的等待。”

25

2003年五一劳动节，我早就通知母亲要回南京，母亲也早早开始盼望了。后因闹非典，临时取消。北京是重灾区，各地都怕北京来人。唯独母亲在电话中焦急地让我回南京避一避，我待在北京，她加倍担心。母爱永远无条件也无原则。为了不给南京的街坊四邻增添恐惧，我还是留在北京。那年的五一节，我没过好，母亲也没过好。报纸、广播、电视都在报道北京的疫情，自己的儿子正置身于这座恐怖笼罩的城市——母亲的心情能好受吗？非典吓着了全国人民，尤其吓着了有一个儿子在北京工作的母亲。要知道，她原本就对我一个人出门在外很担忧啊。那段时间，她连电视都不敢看了。而我，更不敢想象她一天天是怎么过的。

26

“母亲，一半活在我身边，一半活在相框里。她已经老了，牙齿掉光，头发花白，身体单薄，越来越像一张照片。母亲，一半随着我的童年消失，另一半还存在，仍然守在摇篮边，以颤抖的手冲奶粉，换尿布。只不过哼的儿歌，是给儿子的儿子听的。我躺过的地方，躺着另一个婴孩，坐在旁边的还是同一个母亲。她等于做了两次母亲，等于养育了我两次。唉，生命仅仅由这两部分构成！等婴孩从摇篮里站起来，我该怎么跟他说呢？怎么跟他说那个消失在岸上的女人，一半是他从未见过的，另一半见过，但已经记不清了……我对着母亲的这一半笑，却偷偷地对着她的另一半哭：‘请尽量多陪我一会儿吧！多摇我一会儿吧！’我用仅有的雨水，浇灌在最后的旱季里挣扎的母亲……”非典期间我写了这首赞美母爱的诗。生活暂时慢了下来，得以回望一眼母亲。我在诗中虚构了母亲哺育儿子的儿子这一情节。是否在以想象弥补现实中给母亲造成的缺憾？儿子一直单身漂泊，立业了却未成家，估计这也增添了母亲的挂念，可她从不直接催促我。听父亲说，母亲想抱孙子的，越来越喜欢小孩，在院子里遇见邻居家的婴孩，总要站住脚看半天。她每天在幼儿园门前草坪散步，最大的乐趣就是能看见许多小孩和各种宠物狗。她在 2007 年 5 月 2 日写的日记：“今天老张带着那只瘦小的白羊狗（像羊又像狗），乖乖地坐在他身旁，寸步不敢离开。老张说：小狗早几天前生病了，刚刚从医院接回来，在医院里，又是吃药，又是挂盐水，又是打针……现在身体还是很虚弱，走几步路就要坐坐歇歇，而在生病以前，这只小狗活泼可爱极了，又蹦又跳又跑，可能是狗中跑得最快的一个。提起小狗就想起杨杨，杨杨也最喜欢这只小狗的。大概在一个月前，老张女儿从江北带来这只小狗，当时杨杨跟着这只狗后面跑，那种活泼可爱的情景真令人难忘。记得昨天杨杨已经背着一个小小的书包上幼儿园了，那种雄赳赳气昂昂的样子真可爱……”杨杨是楼上邻居的小孙子，母亲看见他就笑眯眯的，心里也想有个这样的小孙子吧。我和弟弟净忙着所谓的事业，却未顾得上满足母亲这一小小的愿望。母亲，没来得及抱孙子就走了。正如她从不催促我们，她也不会责怪我们的。她就这么个人：宁愿让自己失望也不愿因自己的愿望而让亲人为难的。母亲，希望你在天堂一切都好。希望天堂里有许多小天使和宠物狗陪伴你。希望你居住的天堂跟家门口幼儿园前的草坪一模一样，你就不感到陌生和冷清了。

27

从 32 岁开始，母亲的生命分成两半：一半是没有儿子的时光；一半是有儿子的时光。从 32 岁开始，母亲成为母亲。我改变了母亲的命运。我的前半截生命与母亲的后半截生命是重叠的。对于我呢，从 40 岁开始，生命分成两半：一半是有母亲的日子；一半是没有母亲的日子。现在想想，有母亲的日子里，即使再孤独也不能算孤独啊；没有母亲的日子，即使再幸福也不能算幸福啊——真正的幸福应该能让母亲分享的。母亲走了，再没有谁能像她那样默契地分担我的孤独、分享我的幸福。我像丢掉影子的一人一样惶惑。我的存在因母亲的消失变得虚无了一些。剩下这一半的路，与母亲无关。而母亲永远与我有关呀。我的起点从她那儿开始的。丧母之痛，丧母是一种痛，与别的痛不同，它痛定了还会痛，一痛再痛。就因为它是无法填补的。第二天，太阳照常升起，我的母亲再也回不来了。她被昨天的太阳弄丢了。

28

我找出母亲年轻时的照片作为遗照，未选择那张衰老了的。我也就顺便找回自己的童年。把黑白照片放大、镶嵌进相框，母亲隔着一层薄薄的玻璃冲我微笑，还是把我当作一个孩子看待，从没觉得我已经长大，更想象不到：自己也会衰老。她的思想停留在多少年的某一天，视力也很好，无需戴老花眼镜，离那么远，仍然看见了我，却看不见隔在中间的玻璃。她似乎不知道：有什么东西把她挡着了。我没必要告诉她吧？为了让她尽可能长久地保持那无忧无虑的微笑……

29

母亲的母亲离去时，母亲哭成了泪人。那时我还小，问："外婆怎么了？"母亲没回答我，我只能自己想了。如今母亲离去了，我体会到她当时的伤心。没法再问谁："母亲怎么了？"只能安慰自己：母亲想外婆想得太久了，她要去找自己的母亲……即使是我，我的挽留，也无法使她们一直分开。

30

母亲一个人上街，总是战战兢兢。站在马路这边，等红灯停了，等绿灯亮了，有时要等好几遍，还是不敢过去。她说人老了，胆子变小了。如果我在旁边陪着，胆子会大一点，不那么慌乱，但她的手下意识地拉紧我……“她怕车吗？不，她更怕身边没有我。”今天我一个人站在十字路口，红绿灯把眼睛照花了：过，还是不过？我的母亲，她已经不走这条路了。“天堂里有红绿灯吗？过街时慢一点哟！”

31

家中吃完中饭，父亲和我有午睡的习惯，母亲总抢着洗碗。她退休后，把这点家务事当成每天的工作来干，说这样就不空虚了。很多次，迷迷糊糊中，听见厨房里的自来水开一会儿、关一会儿，碗碟在水池中磕碰出响声，我就像躺在港湾。多睡一刻，等待母亲把洗干净的碗筷，整齐地码放进我的梦中。然后再醒来，并且告诉她：“我这条归来的船多么幸福！”其实母亲心里没准比我还甜呢。我只知道船的幸福，却不了解港湾的。

32

出生时的脐带已经剪断，我像一只风筝，越飞越高，越飞越远。但是，母亲——请你千万不要松手，哪怕你手里握住的不是我，而是一小截断线。它至少可以代替我陪伴你的思念。同样，在令人晕眩的虚无中，我没有坠落，因为相信远方的母亲那里保存着自己中断了的根。云是没有根的，哪怕再轻飘的风筝，也跟花一样，曾经有过缠绵的根。脐带再一次被剪断了；这次手拿剪刀的不是接生婆，而是死神。但是，母亲——这一次我们都别撒手啊。哪怕只是紧紧攥住各自手中的半截断线。也算是一种安慰：总会有那么一天，我们再把它系起来。

33

母亲经常失眠。总说睡得不踏实，睡一会儿，醒一会儿，醒着时想我，入睡后接着梦见我，梦见我迷路，找不着家门，梦见我遇到种种困难……都是一些令人担忧的梦。她连觉都不敢多睡。全怪我长年不在家中，母亲无法做一个好梦。她梦见的是真实：我确曾遭遇种种挫折，只不过最终战胜了。我甚至怀疑：母亲能梦见儿子在异乡的全部生活？她现在仍然活着该多好，临睡前就不用吃安眠药，“别怕孤单，妈妈，我随时可以回到你身边；别怕做梦，妈妈，你梦见的将是我的胜利……”

34

母亲的脸好几天没洗了。当然，那只是她照片里的脸。我多么想忘掉：母亲已变成一张照片。她总以同样的表情生活在相框里面。只隔着一层玻璃，那么专注地看着我，看着我上班、回家、开灯、关灯，看着我给她写一些注定收不到的信，把稿纸铺开、又揉作一团……母亲啊，你为什么一言不发？那么专注地看着我，忘掉了自己，忘掉自己还需要吃饭、睡觉、洗脸……母亲，我相信你没有忘掉我，可你也不该把自己说忘掉就忘掉了呀！

35

母亲去世的冬天，家乡下了五十年来最大的一场雪。“妈妈，这么大的雪，你已经很多年没见过了。只在年轻时见过吧？”五十年前的雪有多大，我想象不出来。五十年前你在大雪中做什么？刚刚大学毕业，还没有遇见爸爸呢，一个人从雪地走过孤单吗？我想象不出来，因为那时候还没有我，只有雪在陪伴一位南京的少女。雪又下起来，下得越来越大，覆盖了住宅也覆盖了墓园，我第一次遭遇这么大的雪，我从来不曾像现在一样悲伤。“雪又下起来，它已看不见你了，妈妈，你能看见这场雪吗？又是一个人在雪中，冷吗？”五十年前的大雪，你还没有我，五十年后，雪还在下：我又没有你了。

36

母亲晒在阳台上的棉鞋，还没收回来。她不能亲手去收了，也无法穿上它了。失去主人的棉鞋，在正午的光线中，像道具一样摆设着。我在犹豫：收回来合适，还是让它们继续在那里等待？晒了很多天太阳的棉鞋，虽然是两只，可看上去一样孤单啊。

37

母亲临终前那几个月，经常四处走走，她会改变日常散步的路线，去走一些好久没走过的旧路。她也会忽然提议：去一些好久没去过的老地方，譬如月牙湖、中山陵、四方城……有些我们陪她去了，有些还没来得及陪。根据南京风俗的说法：死者临走前去“收脚印”，收回过去在不同地方留下的脚印。我觉得这更属于老人的怀旧吧。想去看看记忆里的旧事物，知道看一眼是少一眼了。母亲年老体弱，好多愿望还来不及完成，好多故人与往事还来不及告别，就匆匆走了。但有一部分，她已默默地道别了——甚至没让我们察觉。“妈妈，别走得那么干净，别把脚印全收走。多少留一点脚印吧，给我……我找不到你了，就去找找你的脚印。”

38

母亲离去前几天，厨房的灯泡坏了。她摸黑在洗碗池里清洗过碗筷，想找蜡烛没找到。好在这是她很熟悉的家务活，灯泡坏了她仿佛也能看见。母亲犯的是心脏病，急性的，身体里的一盏灯，说灭就灭了。不，她的心脏似乎比灯泡还脆弱。灯泡坏了还可以更换，可换好的灯泡，再也无法照亮我的母亲。她似乎在那短暂的黑暗中消失，厨房的案台上还整齐地码放着洗干净的碗碟。她临走时那么细心：在黑暗中连一只碗都没有打碎。这就是命运：她失手打碎了自己。

39

为打发晚年的寂寞，母亲经常抱着旧歌本一个人哼唱。歌本是弟弟替她买的，里面全是老歌。她学会认简谱，又记住了歌词，可哼唱时依然抱紧歌本，似乎把翻卷了边的歌本当成一个人的陪伴？案头的另一部歌谱全是流行歌曲，她很少去翻。不是她学不会新歌，而是她更偏爱那些老歌。老人唱老歌给自己听，越唱越动感情。唱着唱着，老人就回到从前，老歌也变得年轻：衰老是缓慢的，而恢复青春是多么容易。“妈妈，再唱一遍吧，既然你喜欢唱，既然我喜欢听……下面我要学会从沉默中听出你的声音。”

40

父亲出差，母亲一个人在家，只能和一台彩电做伴。她看连续剧直到剧终，看电视总耗到深夜，荧光屏布满雪花，才无奈地放下遥控器。这恐怕就是寂寞吧：后半夜再没有节目，她说头脑一片空白，就像布满雪花的屏幕，可还是睡不着。听她讲到这里我很心疼。如果那时候给她打一个长途电话该多好。如果能及时出现在她雪花纷扬的梦境该多好。“唉，无论我在异乡活得多么充实，都无法填补母亲的空虚。”失眠是痛苦的：她怎么摁手中的遥控器，都无法梦见我。

41

我梦见母亲，梦见母亲的梦，梦见她梦见过的街道、公园、火车站，结果怎么样呢？我梦见她梦中的我。那是跟我多么相像的一个人，然而内心比我单纯、温柔，他片刻也不曾离开过母亲。在我出门闯荡之后，孤独的母亲又用她的梦，孕育了另一个我。“他是我的影子吗？不，也许我才是影子，背叛了故乡也背叛了自己。”梦中的误会，比我造成的差错要小得多。

42

“比死亡更轻的是昏迷，比昏迷更轻的是睡眠，母亲会不会睡着了？”大夫遗憾地摊开手，说他们尽力抢救，母亲还是停止了呼吸。我看见的：刚才动用了心脏起搏器及种种叫不出名字的医疗器械，护士们跑进跑出手忙脚乱……母亲仍然喘不过气来。她的肺叶像卸任的船帆一样滑落？最终停泊在病床上了。“母亲会醒来吗？”还需要继续向医生问这些傻问题吗？在构成世界的一小块雪景的白色医院，我只能把主治大夫当成上帝。他低头开具死亡证明，嘱咐我怎么去派出所办吊销手续，我又想向他求助了：能否顺便替我的母亲在天堂上一个户口？

43

我站在窗前，今天的阳光真好。这里通常是母亲站立的位置，她边晒太阳边看万变不离其宗的风景。我要体会她活着时的小小幸福，体会到了，以前被我忽略的宁静与缓慢。老人的视野会被收回吗？不，母亲没带走，又留给我。尽量从她的角度用她的眼光看风景，觉得自己融化在里面了。我分享着母亲晒过的太阳。母亲，你也来晒晒吧，哪怕借用我的身体。你看：外面的梧桐树、家属楼、挂满床单与棉被的晾衣绳，一点没变呀。

44

母亲住院，在病床上寂寞难耐，让我多带点报纸给她看。当天的晨报读完了，就读旧报纸，读三天前的、一星期前……她的日子仿佛倒着过的？新闻都变成旧闻了，她读着依然新鲜。需要用多少天发生的事情，帮助她熬过医院里的一天？世界变化很快，而她的每一分钟都很慢：为忘却自身的痛苦，只好把注意力转移到报纸上。我每次去探视，都要从家中废报纸堆里抽出厚厚一沓。母亲去世了，床头还有几张报纸没有读完。她的阅读还会继续？要知道，她对这个世界的兴趣一点未减。新闻与旧闻对她来说几乎没有区别。

45

家门口槐树上的鸟巢，夏天还有鸟呢，冬天就变成了空巢。妈妈，记得我陪你散步，也陪你一起仰着脖子望好久，你说：“鸟的家还挺热闹呢。”如今只剩我一个人盯着空巢看半天，越看越冷。你要是活着，一定又会问：“鸟儿都到哪里去了？”我也这么想的呀：妈妈，你到哪里去了？没有了你，家变得空荡荡的，不像一个家了。天气转暖，候鸟会回来，你却回不来了。千万别忘掉家的地址啊：南京最高的一棵槐树下面，与树梢的鸟巢相对称。即使回不来，请你在心里默默惦记着……

46

母亲消失了，我开始承认天堂的存在。母亲去另一个地方安家，只能是天堂。本来觉得天堂很远，甚至还很虚幻，因为母亲的缘故，天堂变近了，变得很实在。就像相邻的一座城市。天堂里也有众多的人口、基础设施，门牌号码，也有思念，只不过没有痛苦。其实我原本不相信天堂的：“怎么可能发展成另一个国家？”只不过为了让自己相信：母亲仍然活着。为了让自己相信：母亲去了更好的地方。幸好有天堂，可以满足我的愿望。“妈妈，在那里你要会自己照料自己呀，分离是暂时的……”

47

城市没有停电，母亲，你却停电了，如同一小片陷入黑暗的街区。只有你的名字偶尔闪烁。我的头脑也在瞬间停电，陷入的不是黑暗，而是空白。这一分钟，失去对其他事物的记忆，为了用空白来表示怀疑：“妈妈，这是真的吗？黑暗从头到脚笼罩住你……心是什么？心是身体里的发电站。”空白虽然短暂，可它比黑暗更让人窒息。

48

母亲老了，变得像另一个人。脾气也大了，她说经常有一股无名火，使自己控制不住情绪。她知道自己变了吗？知道自己老了吗？我必须虚构出自己的老，才能理解母亲的老。我也会老的，每个人都会老的，即使是我的母亲也无法例外。我也会老的，也会力不从心，也会有坏脾气，说不定老得还更难看，像另一个人，像另一个人的另一个人。我会知道自己变了吗？承认自己老了吗？即使那样，我仍然是母亲的儿子。是一个老母亲的老儿子。人变老是容易的，由老而变得年轻则很难。我眼睁睁看着母亲一年年老了，束手无策。其实我也在变，一点点变老。因为我在变老，母亲才显得更老。我可以不原谅时间，但又怎么能奇怪母亲的老呢？即使她变得像另一个人，仍然是我的母亲啊。我的老母亲。

49

这些年在外地，总是能碰见长得像母亲的人，老人。有的是侧面像，有的是背影像，有的是脸型或神态像。如果不是在外地，我肯定就要认错人了，我差点就要叫错人了。其实也不能算完全错，她们确实是母亲，只不过是别人的母亲。离开母亲久了，总是想碰见长得像母亲的老人。越想，也就越容易碰见。碰见了，难免会更想，更想自己的母亲。别人的母亲总会跟我的母亲有几分相像。毕竟，都是当母亲的人。别的儿子的心情，是否会跟我的心情有几分相像呢？是否有人遇见我每天上街的母亲，差点误认为自己的母亲？上次回家，准备把这些巧合跟母亲讲一讲，她却抢先说了，她说她只要逛街，经常能碰见长得像我的人。远远看见，她的心总是一颤：儿子这次怎么没预先打招呼就回老家来了？母亲，不怪你认错人，都是我的错，都怪我离开你太久了。母亲，虽然你碰见的是别人的儿子，在那一瞬间，就把他当成我吧。

50

料理完母亲的后事，我想也该给自己做点事，该给自己换换脑筋了，调节一下低落的情绪。恰好有一次远游的机会，去桂林采风。当地的接待者兴高采烈地安排了各种游览项目，逛月下西街，看歌舞剧《刘三姐》，乘船游漓江，去邻近的荔浦县钻溶洞……不想把悲伤传染给主人及同行诗友，我只字未提丧母之事。谁也没看出我是个有心事的旅行者，我的心事只有自己知道，只有靠自己慢慢解开。漓江的豪华游轮上，同伴们坐在船舱里喝茶聊天，我想离他们的高兴远一点，就独自去甲板上吹了一会儿风。风啊既无法把我的忧愁吹走，又难以将其稀释：眼睛看着青山绿林，心里浮现出母亲的面容，两者似乎重叠在一起，画外音是十几天前的哀乐……

“母亲，我携带你旅行，也许你并不需要旅行，我却需要你的陪伴。”漓江的风景，没看出感觉，桂林的美食，没吃出滋味。玩了也等于白玩，一首诗没写出来。以后再说吧。这一趟旅行对于我，真正的目的不是采风，而是在思想中替母亲送行，尽可能陪她多走走，走得远一点。数月后，当地的诗人，还半开玩笑地打电话：“你去新疆、青海、天姥山，都留下好诗。为什么没给我们写一个字？嫌桂林的山水还不够美吗？”唉，让我怎么说呢？桂林，对不起啊，都怪我的坏心情糟踏了你的好山水。这笔人情债先欠下。桂林别着急，多等等吧，我会补偿的。待我给母亲写完了再给你写啊。桂林山水我还可以再去看，它跑不掉的。可母亲我是想看也看不着了。

51

母亲在人间，我就是人间的儿子。母亲去了天堂，我就是天堂的儿子。我拒绝做一个没有母亲的人，更不会如此承认。母亲离开人间，人间仍然是我的母亲。更何况母亲去的是天堂，天堂也将成为我的母亲。母亲无论在哪里都是有儿子的人。母亲在哪里，我就把哪里当成我的母亲。虽然我没去过天堂，可母亲去了，天堂呀你对于我一点也不陌生：“星星是什么？是一盏盏节能灯……”

52

这是愧疚的一天：我没有陪你看电影、逛公园、吃肯德基，却陪你来到火葬场，一个最不好玩的地方。“要知道所有的计划将在这支烟囱下搁浅，为什么不早点去实现？”这是提前到来的一天：我一直以为它应该很遥远。你付出的，我一直以为可以慢慢去回报。都怪我：只想着匆忙的自己，却忘掉匆忙的时间，似乎比我还缺乏耐心？不知不觉就走到这里，你迷路了，我也不见得更清醒，这是一个黑色星期五！“晴转多云，傍晚时有零星小雨……”天气预报上这么说的。它对我隐瞒了最重要的消息，再也不相信它了。可我同样不敢相信你，真的将迷失于一片灰烬。这一天里，那么多人给你献花，收下吧。这一天里，道路在你脚下打了一个结。这一天里，你穿上最后一件新衣服，还化了点妆，仿佛出门去旅行……该替你做点什么呢？来不及了，再也来不及了。为了克制内心的追悔，站在烟囱下，我只能给自己点一支烟。

53

最初的母亲，拥抱着我的童年。她那么年轻：一半是母亲，另一半还是少女，有着尚未破灭的幻想与忧愁。自从我出生，她的梦更多了，相当一部分准备留给我，替她去实现。哦，梦也是有传统的。我必须使劲回忆，才能看见她：第一次送我上幼儿园，在门口转身离去，我没哭，她却哭了。她恨这一天！这一天我将属于别人。最初的母亲体验着最初的离别，随着次数的增多，她会成熟起来：忧愁将大于幻想。随着我的生长，她逐渐葬送了作为少女的自己。我的视力很好，看见她还站在那里，孤零零地站在那已拆除的幼儿园门口，很不放心的样子。因为有最初的我，才有最初的母亲。因为有最初的母亲，我才永远长不大："我可以不要世界，但我要妈妈！妈妈，你别离开，就站在门口等我啊。"

54

捧着母亲的骨灰盒像捧着飞机失事后的黑匣子。想知道她还有哪些话要跟我说。对于一次不可抗拒的空难，我是迟到的搜救者。来得再迟，母亲也会等着我。“听见了什么？”“听见了沉默。”可那毕竟也是母亲的沉默。“母亲的嗓音已消失，她的沉默依然活着。需要破译吗？我本身就是她最大的秘密……”让我的手掌摊开成飞机场，你的梦碎了，你的沉默却平安着陆。

55

清明节快到了。这是母亲去世后的第一个清明节。该给母亲上坟了。这是母亲的新坟。往年的清明节，我陪母亲给外婆上坟，给母亲的母亲上坟，她哭了一遍又一遍。今年，她再也哭不出来了。今年，母亲也有自己的坟了！写下这句话我就想哭。是的，该轮到我哭了。为母亲而哭，是所有的哭里面最真实、最痛彻肺腑的。我还记得母亲为她的母亲而哭的情景，那种悲伤又在我身上重演。清明节快到了，郊外的油菜花全开了，我在等待一场唐朝的雨——清明时节雨纷纷啊。这是不一样的清明节：母亲的新坟也在等待着……我必将淋湿。而在以前，母亲一直是我避雨的屋檐呀。母亲，我想你了，你也想我了吧？别担心，我会比那场雨更及时。每年我们都将相约在这一天。清明节，扫墓的日子，我会乘飞机来、坐火车来、打出租车来——其实在心里，是用整整一年的时间，一步步走过来。翻山越岭来看你，看看你一点点变旧的坟，直到自己也变成再也走不动路的老人。

56

怀念和母亲一起吃饭的时光。新切的盐水鸭，给母亲夹一块，再给自己夹一块——那滋味真难忘啊，再也吃不到了。再也无法和母亲共同品尝、共同享受，那对于我是双倍的享受。母亲的牙齿快掉光了，咀嚼得很慢，我也放慢速度，边吃边等她。就像陪母亲外出散步时一样，必须照顾到她的节奏。我喜欢和母亲在一起的慢生活，时光如同被拉长的橡皮筋，拉长、再拉长，然而不断……母亲仿佛仍然坐在我身边吃饭，不大说话，但笑眯眯的，在我劝说下又喝了一口汤。我夹给她的菜，比她自己夹的味道要好吧？毫无疑问，母亲也最喜欢跟我一起吃饭。跟漂泊在外、偶尔回家的儿子一起吃饭，吃在嘴里甜在心里呀，我看都能看出来。想起大多数日子她都独自吃饭，或者是在我缺席的情况下吃饭，我挺惭愧的，赶紧再给她夹一块她爱吃的盐水鸭。现在想起来，更加惭愧了：要给她夹菜，却看不见她坐在哪里。称职的儿子，应该每天陪老母亲吃饭，这才是理想的生活。可惜我经常生活在缺憾里，同样也给母亲留下太多缺憾。等到有条件弥补，母亲已不在了。怀念和母亲一起吃饭的日子，不管是中饭还是晚饭，太阳都等在老地方，轻声催促我：快来呀，再不来菜就凉了。母亲，你不该离开的，应该多等我一会儿，我多么盼望能和你再吃一顿饭啊。今天晚上，我做了满桌子好菜，特意加上一双筷子，再摆一口空碗。母亲，闻见饭菜香了吗？从空气中走出来，陪我坐一会儿吧。瞧我给你夹在碗里的菜，有荤有素，都是你爱吃的，即使你不饿，也请尝一口啊。

57

这篇关于母亲的文章写了好久，写了好长。写了好多个段落。我记得写到哪段时，想哭，忍住了；写到哪段时，忍不住还是哭出来了。但愿你也能看得出来，看得出哪一段的原稿曾被泪水打湿过。我一直以为，用墨水写的文字和用泪水写的文字，是能看出来的，是有区别的。哪怕它们一律变成了印刷体，区别并不会消失。开头的那部分贴上我的新浪博客时，好多网友留言，说读到第几段落开始流泪，或者说噙着泪花又读第二遍。我知道你们一定由我的母亲想起自己的母亲。因为这个世界上根本就没有“没有母亲的人”。我的母亲只是暂时不在了，并不代表我没有母亲。我需要她继续活着，哪怕仅仅活在我的文字里。我的文字也是有体温的。哭吧，没什么不好意思的。哭是爱的最高仪式，因为笑毕竟短暂，你所欢笑的内容终将逝去。哭是在伤逝啊。哭其实也是一种幸福，因为你毕竟还会哭，等于证明自己还会爱。哭也是幸福，因为你还有可哭的对象，爱的对象。母亲，用更多的文字来弥补我的损失。这些从方格稿纸里长出来的文字不是小麦，是水稻，摸上去湿漉漉的。

58

曾经以为死亡是虚无、是空白，通过你明白了，死亡是换了一种形式的存在，或者说是不需要形式的存在。我不愿意承认你的消失是一种事实。只要没有被忘记，就不能算是真的消失。我要用文字来增强记忆力。即使我不存在了，文字依然存在。我用文字重塑的你的形象依然存在，只要读者还存在。情感不会死亡，它甚至会通过文字而繁殖。母亲，你的死讯对于我是巨大的打击，可我不会倒下，因为头脑中还屹立着你的身影。我不愿意相信你已死亡，只不过换一种活法。你的影子也会伸出手，把我从原地扶起。谁叫你是我的母亲呢！即使你在死后，也能带给我力量呀。这篇文章，我写每一个字，都那么使劲。

59

回忆录被拆散了。回忆也被打碎了。回忆录里的你，分解成一个个你，更多的你。你在不同时刻的表现，你的正面、侧影乃至背影，构成不同角度的你，构成你的整体。母亲，爱是一本书，我先是从前往后翻，现在又从后往前翻，顺着翻倒着读都可以。有时太忙了，随便挑一页看，虽然只是其中一页，只记载你的一个瞬间，我还是能看见完整的你。我不敢说多少次忘记你，只知道多少次又想起你。你消失了，可我想起你的次数并没有减少，说明你并没有真的离去。你怎么舍得离去呢？你是我的母亲，你有两个儿子，可我只有一个母亲啊。陪我一会儿，再去陪弟弟一会儿，他也想你呀。“妈妈，请放心，我会替你照顾好弟弟的。”

60

每次离开家都乘坐夜间的火车，母亲早早就上床睡了，希望我在她睡着的时候再离开。不知道她是否真能睡着，至少假装睡着了，熄灯后的卧室没有任何动静。我探头看了一眼，隐约看见她盖着棉被仰面躺着的轮廓，于是在内心里喊了一声妈妈，就蹑手蹑脚地走了。如果她真的睡着了，是否梦见准备离开的我？如果她假装睡着，在黑暗中会想些什么？连一声招呼都不打就悄悄离开，仿佛在做一件对不起她的事情。也确实对不起，明天醒来后她面对的将是少了一个我的家。母亲说她越来越畏惧跟我的离别，既担心我一去不复返，又害怕我下次回来已找不到她。希望我在她睡着后再离开，可以把分别当作一个梦来对待，或者根本就不曾察觉儿子已离开。这样更容易承受一些。于是我总选择夜间的火车，轻手轻脚合上家门，下楼梯时也避免发出声响：不要惊动她，不要打扰她的梦。每次离开故乡都像是离开母亲的梦乡，虽然我看不清车窗外的夜景，虽然我看不清母亲梦见了什么。后来才知道：每次我离开的晚上，母亲都要靠吃点催眠药才睡着的呀。这哪是催眠药，分明是母亲的止疼药。和儿子分离，会让母亲很疼很疼的啊！母亲越老，越来越怕疼了。

61

我的母亲已经等于灰烬，没有变成灰烬的是她的遗物。生活在母亲的遗物中间，找啊找，想替这些物品找到原先的主人。为了避免承认自己已成为半个孤儿，只好把灰烬当作母亲。从哪一天开始？我改变了身份：属于灰烬的儿子。在我的天平上，世界很轻，那一小堆灰烬是最沉重的砝码。已经失去太多的真实，再也不能舍弃这虚拟的母亲。母亲的坟墓占地一平方米，那也是我的祖国，祖国中的祖国——并不需要很大面积。我的有生之年都属于它的使用期。为了避免成为没有祖国的人，每年清明，都要把坟墓当作我的母亲。母亲的版图只有一平方米，在这座星球上，那是我最珍惜的一小块国土……“要知道，在闻知母亲死讯的那一天，我晦暗的心情，还真有几分像亡国奴。”

62

旧书里夹着母亲的一根长头发。不可能是别人的，我在谈恋爱时也不曾这么做过。回忆起来了：那次离家，特意把这根花白的头发夹进书里，而它是从母亲的梳子上取下的。并不是作为书签来使用，因为这本书久已不读了。纯粹做个纪念，偏偏被遗忘。整理书架，无意间翻开这本没读完的书，我读到书里没写到的情节：母亲已不在了，只剩下一根长头发。生活以这种方式提醒我：母亲在的时候，好多细节曾经被忽略。本来要记下书的名字，后来一想：算了，提它干吗，书中的人物全与我无关，除了里面夹着的这根头发……

63

答应过母亲：等她身体好一点，带她去北京看颐和园。却拖了一年又一年。颐和园在北京，母亲还在南京，南京离北京有多远，母亲离颐和园就有多远。说实话，虽然我长住北京，都很少去颐和园玩，忙啊，忙成了拖欠一切的借口。在我眼中，颐和园不是我的，是别人的，甚至仍然是慈禧太后的，与我没多大关系。我信口说道要带母亲去逛颐和园，母亲偏偏当真了，不曾催促我，却悄悄等了一年又一年……整理母亲的遗物，发现一套印有颐和园风景的明信片，是她在家门口的邮局买的。母亲，你一定等不及了，独自去颐和园看了一会儿。怕我惭愧，不曾告诉我一声。已经晚了，但不能再晚了，最近要抽时间去一趟颐和园，替母亲补买一张门票。我要站在明信片里的十七孔桥上，希望远方的母亲再看我一眼。

64

1985 年，长江上的客轮还没停运呢，我要坐船去武汉上大学。父亲和母亲在南京码头送我，船快开了，一场暴雨倾泻而下，把他们淋得像落汤鸡。他们是非常称职的父母，没有去旁边候运室避雨，一只坚强的公鸡和一只温柔的母鸡，继续站在雨中，目送着自己的小鸡第一次出远门。在他们眼中，我折叠在旅行包里的翅膀是用来飞的，我正在长大，正在展开翅膀……他们骄傲还来不及呢，哪里顾得上把自己淋湿的雨？只是，落在母亲身上的雨比落在父亲身上的多了几滴，那是她眼睛里下的雨。谁叫她是母亲的呢。即使在晴天，母亲也会为孩子远行而下雨。哪怕雨常常只淋湿她自己。我仿佛还站在越去越远的船舷，凝视着变得越来越小的父母，和那场在码头上下得越来越大的雨……一眨眼，我仿佛又站在父母的角度，凝视着那个暂时还不知道离别有多么沉重的自己。

65

墓地总有那么多的油菜花。因为我总是清明来，清明节是油菜花的旺季。天地一片金黄，仿佛要帮助人忘掉忧愁似的。母亲，我特意来看你的，却只看到满目的油菜花。你也出来看一看吧，看一眼油菜花，再看一眼我。免得想看的时候，油菜花都该谢了。油菜花没长眼睛，看不见你刻在墓碑上的名字，如果它说自己看见了，那是我把自己当作了一株油菜花。

66

陪衰老的母亲去吃肯德基，周围都是年轻的父母，带着各自的孩子。他们买汉堡，我也买汉堡。他们买鸡翅，我也买鸡翅。他们买大可乐，我也买大可乐……让母亲跟别的孩子一样的待遇。他们哄孩子，我哄着老母亲：多吃一点，再多吃一点……他们有多么宠自己的孩子，我就有多么宠自己的老母亲。如果她眼馋邻座的孩子玩积木，我愿意把她介绍过去：大家做个玩伴嘛。是母亲自己不好意思，连连摆手。她说肯德基真像幼儿园，在这里可以把童年重新过一遍。还使她想起小的时候，被父母领着下馆子的情景。是的，就在肯德基快餐店的位置，是一家拆掉了的老店，多年前专卖刘长兴小笼包。母亲，没准我们坐着的这块地面，曾经摆一副长板凳，上面坐着个吃汤包的小姑娘——她的影子将和你的形象重叠在一起。我努力模仿外公年轻时的动作，弯腰替你把失手掉下的餐具捡起来。

67

把母亲留在照片里，把照片镶嵌进相框，安装在墙上。母亲，不需要去效外墓地，我就时时可以看见你。有什么好吃的，多备一份。有什么好事情，首先想到告诉你。没瞧见电视柜也朝向你嘛，我特意摆放的，有什么好节目，你一览无余。昨天我熬夜了，今天睡得又晚了……除了不会眨眼，你啥都看得一清二楚。正如你心里想些什么，我也一清二楚。生与死是一道玻璃，一堵墙，因为挂着你的照片，这堵墙也变得透明。

68

母亲留下几件没舍得穿的新衣服。它们身上没留着母亲的气息，还留着商场的气息，只能勉强算作母亲的遗物。它们整整齐齐挂在橱柜里，一件挨一件，一挂多年。多年后依然是新衣服。母亲，你太节俭了，干吗舍不得穿新衣服？我用辛苦挣来的钱替你买了名牌时装，难道只是为了给衣架穿的？当然，现在我眼中，那些磨破了领口、袖管或者绽线的旧衣服，似乎还带有你的体温，比这些没洗过一水的新衣服更值钱！

69

第一次出远门：去武汉上大学。母亲往我手心塞了几张十元钞票，作为第一个月的生活费。那时好像还没有百元大钞，几十块钱能买好多东西。可我还是省着花，慢慢花，还没花完呢，第二个月的零花钱就寄过来了。那时没有电脑，汇款单上的姓名地址都是手写的，我至今记得母亲寄给我的第一张汇款单，上面有她工工整整的钢笔字体。她生怕写错了、寄错了，生怕我收不到，每个字都写得那么用劲。收款人："武汉大学中文系 85 级王军"，汇款人："南京农业大学农经系潘文珠"。我虽然已满十八岁，仍然要靠母亲的名字来哺育我的名字。整整四年后，我分配在北京工作，领到第一个月工资，赶紧跑到单位楼下的邮局，象征性地给母亲汇了一小笔钱，终于把汇款人与收款人的姓名颠倒了过来。

70

父亲是琴棋书画，母亲是柴米油盐。母亲的白天是洗衣做饭，父亲的夜晚是青灯黄卷。我有一个诗化的父亲，又有一个散文化的母亲。好在母亲形散神不散，从菜市场到厨房，从厨房到洗衣间，三点成一线，忙个不停。居然还能抽出工夫，在阳台砌起小小花坛，不是种花，而是种一大把青葱绿蒜，作为生活的调味品。东进西出，纷乱的脚印，无不是为父亲书房里写下的诗作出注解。出国讲学是父亲的无限风光，熏鱼腌肉是母亲的拿手好戏。年轻的时候一直如此，直到老了，有了多余的时间，才静静坐下来，你看我一眼，我看你一眼，成为彼此的读者。像两张翻开的书页。中间还隔着一个我呢。我是他们的装订线。

71

送给母亲的礼物，一只蓝印花布老虎，仍然摆放在床头柜上。不，她又还给了我。几年过去了，老虎没有长大，也不曾缩小，外套上沾满灰尘，掸也掸不干净。那是我去南通出差时买的，为了让它代替我陪伴母亲。母亲果然喜欢这布做的宠物，我的小名叫嘎子，母亲也喊它嘎子。我不在家的时候，母亲会跟它说话吗？它是否能听懂？这事也只有它知道了。它很敬职，母亲不在了，仍然守在床头。很少送母亲礼物，就这么一件，可她又还给了我。布老虎完成了使命：母亲看见它就像看见了我。今天，又承担起新的义务：我看见它就想起不在了的母亲。恐怕正是这个原因，母亲才没舍得把这只小老虎给带走。

72

“我有一个父亲、一个母亲。”这是废话。谁不是这样？“母亲去世之后，我只剩下一个父亲了。”这同样是废话，却不多余，废话也能让人伤感。“我看见父亲总想起母亲。”哪怕想了也是白想。“父亲自己也在想啊，想着想着，他身上逐渐出现母亲的影子。”这个粗心了一辈子的男人开始变得细腻，学着做一些本该母亲做的事情，譬如给儿女煲汤、打电话、购置换季衣物。“甚至在嘘寒问暖时，父亲的表情都越来越像母亲了。”我知道，他自己也感到冷。“是母亲借助父亲的身体继续照料儿女，还是父亲的肩膀又挑起母亲卸下的担子？”体会到当母亲的累，他又加倍体会到当父亲的累。轻松点吧爸爸！“我只剩下一个父亲了。不，我只剩下半个父亲和半个母亲。”他不得不把自己的一半和属于母亲的另一半相加在一起，使我失去母亲之后，并未失去母爱。“我是否也该做得更好一点：把母亲没来得及享受的孝敬，全部倾注在幸存的父亲身上？不用分得那么清楚：哪些是对父亲的，哪些是对母亲的。毕竟，还有一个爱的对象。”不怕没有爱，就怕没有爱的对象。“我有一个尚未随母亲离去的父亲，又有一个长在父亲身上的母亲。”

73

母亲在她的日记里活着，在蓝墨水里活着，在姓氏笔画里活着，在她认识又遗忘了的汉字里活着。母亲在另一个地方活着，在身体外面活着，在纸上活着，照片里活着，在新装修的坟墓里活着。母亲借用我的手翻开自己的日记，借用我的眼睛阅读褪色的字迹，如果愿意，还可以借用我的心，想一些怎么忘也忘不掉的往事……母亲在死后仍然活着，在她中断的日记里活着，把旧日子重新过一遍，再过一遍，母亲可以周而复始地活着。只要我没有失去记忆，母亲就无法被忘记，只要我还在走动，母亲就停不下来，只要我活着，母亲就活着，只要我活得好，母亲就活得更好。

74

母亲躺在临终的病床上。那是她生命的最后几天，除了腹部，全身上下与往常没什么两样。然而腹部在日渐隆起，像一点点吹大的气球，快要胀破了？医生悄悄告诉家属病人腹部有大片积水，不要再喂她流质了。我担心母亲渴，医生说一直在输液，而病人无法把多余的水分排泄出去。我们对母亲隐瞒了病情，只说坚持几天就可由重症病房转入普通病房。母亲将信将疑，并未多问什么。她也对我们隐瞒了心情。当她伸手抚摸孕妇般隆起的腹部，肯定意识到我们对她隐瞒的事情，却假装什么也不知道，并不点破。我们都在避讳着“死”这个字眼，生怕伤着了对方，伤着了自己。为转移注意力，我把母亲轻抚着腹部的手挪开，然后紧紧握着。母亲说："你的手心全是汗。说明你排泄功能好。我不行了。"我低头细看，母亲手背的皮肤果然像塑料薄膜一样枯燥。她已不会出汗了，腹部却像晦暗的小水库一样郁积。几十年前她也在医院里挺着大肚子，是为了生下我。现在，她又挺着孕妇般的大肚子，不是在孕育生命，而是在孕育死亡。我们对母亲隐瞒了隐瞒不住的病情，母亲也对我们隐瞒了隐瞒不住的心情，生怕吓着了对方，惊着了自己。

75

我和母亲说着同样的方言。因为继承了母亲的故乡，连口音都那么相似。我也经常把母亲与母语混淆在一起。母亲死了，可母语没死。作为依赖汉语生存的诗人，今天，我要用母语为母亲写一首诗。“母亲，谢谢你生下我，并且给予我非凡的语言天赋。谢谢你把我养育成人，是你的爱、你的教诲乃至你的唠叨，把我培养成最初的诗人……什么叫母语？母语是一根想割也割不断的脐带。”我用声带维持着和母亲最后的联系。我在找着母亲，我的诗也在找着它的母亲。

76

母亲，我的眼睛里像进了沙子，总是想哭。你能替我看一看吗？小时候，眼睛里进了沙子，你总要帮我吹一吹。如今，再没有谁能把沙子吹出来，它只会越陷越深。想到这一点，即使眼睛里没有沙子，我也想哭。停止了呼吸的母亲啊，已看不见沙子那么小的事物，也看不见我，看不见我在哭。正如每颗珍珠都受益于一粒沙子，每滴泪水都有一个故事。

77

如同旧社会的一个孝顺儿子，我把母亲的遗像端端正正挂在墙上，每隔几天擦拭一下玻璃镜框。母亲，你站得比我高，看得比我远，为了替你掸一掸衣服上的灰尘，我有时要站在小板凳上。为了跟新时代接轨，我又把母亲的遗像制成电子版，粘贴在自己的新浪博客里。从来没碰过电脑的母亲啊，今天，你也上网了！记得你问过我互联网怎么回事？这么说吧，它跟你移居的天堂有几分相似，是一个虚拟的空间，一个没有尘埃的地方。

78

不管一个人的版图有多么大或多么小，故乡永远是我的首都。那是母亲生我的地方，同时也是母亲出生的地方，她一直不曾离开，仿佛为了给我提供一个支撑点。不管一个人的流浪有多么近或多么远，母亲永远是我的岸。多少次还乡，纯粹为了看母亲一眼。多少次还乡，纯粹为了让母亲看我一眼。我是双重的游子：既远离故乡又远离母亲，体会到加倍的孤单。今年，我又回南京了，母亲却不在了。南京正在大兴土木，高楼更高了，行人更多了，街区更繁华了，我却觉得它空空荡荡的。与以往不同，我这次回到的是已没有母亲的故乡。它也就越来越像一座废都。我也就越来越像一个陌生人。

79

母亲终生供职于一所老学校。教工宿舍就在校园里。母亲退休后，每天都去带花园的小操场散步。操场边有一堵公告墙，经常贴出形形色色的通知，母亲总是很仔细地读，仍然关心学校又发生了什么。最近几年，这所老年化的学校不断有老教师逝世，母亲看见贴出的讣告，心情就受到影响。刚开始还坚持把亡者生平及治丧委员会名单之类认真浏览，后来只匆匆看一眼亡者的姓名就绕开了，回家后无限感伤：某某系的某某走了，某某学院的某某某又走了……那些都是她的老同事，他们的陆续离去使母亲心痛不已，有时沉浸在回忆之中而导致失眠。再后来便不大敢看那类讣告了。有一次我搀扶她散步，远远望见公告墙上又贴出讣告，好多人围观并议论，母亲赶紧换了一条路走。她跟我解释："不管他（她）是谁，不知道也就不知道了，不知道，总觉得他（她）仍然活着。就让他（她）继续活着吧……"我该怎么样安慰母亲那颗善良而多愁善感的心？只能想法让她转移开注意力，多去看看无忧无虑的花草树木。直到某一天，母亲自己的讣告也出现在那堵公告墙上。我也有了那种不敢看的心情：与其说是不敢看，莫如说是不敢相信。我不敢相信母亲的一生浓缩成了贴在墙上的一张纸，和纸上的几百个字。路遇看见母亲讣告的邻居或老教工，他们总要向我表示慰问，几乎每个人都说了类似的一句话：“你妈妈是个特别好的人。”母亲，我应该为你感到骄傲的：那么多人为你的一生打了这么高的分！你以讣告的形式为自己的一生交了答卷。你是没有遗憾的。我唯一的遗憾则是：自己为什么没有能力使母亲的讣告晚几年再贴出来？真希望母亲能多活几年啊。

80

墓地的风呼呼地吹，像盲目的孩子寻找失声的母亲。掀起落叶，掀起烧成灰的纸钱，为了找回被埋没的一张脸。风吹过我没遇到任何障碍，我站在自身的风中，四肢冰凉，心却被揪紧了：我想找的那个人岂止从视野里消失？她还同时失去自己的视野……“在风吹不到的地方，她知道有人找她吗？”清明节的风像纸包住一团火，这是一个属于寻找的日子，也属于失落。母亲的墓碑是一块界石，我无法穿越自己看不见的边境线。只有风，只有风可以无视这种障碍，只要给它一个针眼大的理由。“我走了好远的路来给母亲扫墓，却发现风已提前替我扫过了……”

81

离开故乡时，想给母亲买一部手机。母亲不要。母亲说自己退休了，天天待在家里，社交面越来越窄，用不着那么先进的通讯工具。我说为了我随时可以找到你，还是买一部吧？母亲笑了：“家中有座机，我天天守着，还愁找不到我吗？”我也就没有再坚持。我知道母亲想替我省钱。生活很朴素的母亲啊，一直连手机都不会使用。到了今天，我才发现自己犯了个很大的错误：母亲走了，可她连个手机都没有，我怎么给她打电话呢？怎么才能找到她呢？思念母亲的时候，真想给她发一条短信呀，可她却无法接收。拨通家中的座机，电话那头，再也不会出现母亲的嗓音。唉，去了天堂的母亲，当然不可能把固定电话给带走。当初要是给她配一部全球漫游的手机就好了。

82

母亲留下她的工资卡，里面有她最后一个月的退休金。恰好是在她临终前几天，通过银行划拨的。母亲却再也用不着这笔钱了。她以前的退休金，也没全用在自己身上。她舍不得吃、舍不得花，省下来，贴补家用。譬如家中购买商品房。母亲就承担了一份；弟弟举办婚礼的开销，也有母亲的赞助……去年母亲还很高兴呢，因为她的退休金涨了。谈论起来，她对所在的单位充满感激：都赋闲在家了，还给发钱呢。母亲知足，所以快乐。这一个月的退休金准时到了，母亲，你却提前走了，都来不及补偿一下自己。

83

安葬亡母之后，我又在旁边的空地，挖出巴掌大的土坑，埋进一大捧落花。并不是模仿黛玉葬花，我是想让这些花，为我的母亲殉葬。或者说让母亲，跟这些香喷喷的花作伴。她就是这么个爱美的人，送她一把烧成灰的纸钱，还不如送几朵凋谢了的花。不，花哪是凋谢了，它睡得正香……

84

自从母亲老了，我就经常回忆小时候，回忆母亲年轻的时候。那一张面孔就浮现在眼前，像另一个人的面孔。这有什么奇怪的，我本身也变成另一个人了，作为另一个人去回忆另一个人：她是怎么一步步走过来的？我是怎么一步步走过来的？我喜欢回忆，因为可以继续用童年的视角，来仰望自己的母亲。哪怕她越来越老了，哪怕我越长越高了。我真的不想长大啊，不是怕自己长大，而是怕母亲变老……自从母亲不在了，我又经常回忆她在的时候，每一个年龄阶段的表情。我自己，也一会儿长大，一会儿变小。也许母亲没变，不断调整的是我的视角。

85

旅行，说不清是向前走还是往回走。在河南焦作的青天河，忽然想起母亲，意识到自己走得太远了，可流水还在持续。在别人的风景区没看见风景，只看见母亲的影子，忽而倒映在水面，忽而与树木混淆在一起。想一个人，确实比看风景更神圣。想一个人，甚至使风景变得透明了。风景背面是远方，远方的背面是母亲——你离开我快半年了，可是今天，异乡的河流拐一个弯，我神情恍惚，仿佛也离开了自己……岂止对这条河流感到陌生，对自己也感到陌生啊，仅仅因为：我还不太适应失去你。一个儿子，还不太适应失去母亲的日子。失去母亲简直像是失去另外半个自己。

86

母亲，你离开得太突然，就像一块跷跷板失去互动的对象，我重重地坐在地上。那一瞬间，连站起来的力气都没有。低落的情绪，我调整了好久。不敢回忆，不敢想自己。为了转移注意力：我看山、看水、看书、看风景、看电视、看别人的热闹……很希望能达到忘我境界：首先忘掉自己的悲哀。失去了你的存在，我变得轻浮而不轻松。更多的时候，心里面沉甸甸的，步履蹒跚。其实这没什么奇怪的：我的身体里也装了一块母亲的墓碑。

87

画家韩美林说他每听见三个词都想流泪。哪三个词呢：母亲、老师、祖国。他说这就像三级火箭似的，把我们助推进太空，自己却掉了下去，变成垃圾……我想他是对人生中的三大推动力充满感恩的心情。而这三大推动力无不是燃烧自己作为代价的。我感激自己的母亲。因为她的缘故，我对“母亲”这个词汇也充满敬意。我对天底下所有的母亲充满敬意。不仅仅人类的母亲，甚至动物世界里的母亲（譬如科教片时拍摄的）都会使我油然而生出一种温情。母爱是世间最伟大的天性，比任何道德、宗教、信仰都要原始，然而它真正是我们一生中的原动力。经过母亲的手传递，我们才会认识老师、拥抱祖国。并且将老师、祖国当成母亲的替身来爱，来感激。母亲是使我们起飞的那一级火箭，我们的成长消耗着她的能量，等到我们走向社会，为实现梦想越飞越远，她也把自己烧得精光。直到生命的最后时刻，她仍无力地牵挂着被她的手最初托起的子女。人生说到底挺残酷的，其实就是下意识地摆脱母亲的过程；借助她提供的最初的能源，很快就被别的诱惑吸引了去。我十八岁就告别母亲去外地求学，后来又一直在异乡谋生，长期脱离了母亲的视野，只想着圆自己的梦，很少考虑母亲的心情。我的梦圆了，却给母亲的心情带来长久的残缺，我的翅膀硬了，母亲却日渐衰竭。我投奔更远处的风景，回头一望：母亲已用完最后的力气，回到了起点，那正是她诞生的地方，也是她诞生了我的地方。而我，却回不去了。谁是第一个把我扶上战马的人？毫无疑问是母亲。母亲又何尝不知道战马只会把儿子带向远方，然而她只能这么做，因为她是母亲。所有的母亲都心甘情愿为托举起儿女而使劲，而燃烧自己。在火葬场给母亲送行，我热泪盈眶，算是真正明白了这个词的涵义：如果我确实是被火箭推入太空的卫星，我亲眼看见那枚最初的火箭，怎样把自己烧成了灰。但我要说：“母亲，即使你不在了，仍然能带给我力量。我不会让你失望的。”

88

母亲在阳台浇花。这是她每天比吃饭更重要的事情。她拿了一只喷壶，一点点地洒水，仿佛把饥渴的孩子喂养。那喷壶使我想起她的乳房，我是吃她的奶长大的。母亲在阳台浇花，显得有点孤单。她的乳房干瘪了，可她仍有那么多爱。我长大了，可她仍有付出的需要。我不在她身边，她只好把注意力——转移到一朵花身上，那朵花让我惭愧：它也会长大，却不会离开她。它似乎比我——更配成为母亲爱的对象。母亲在阳台浇花，我在干什么呢？在母亲看不见的地方，我做着与她无关的梦，直到母亲不在了，花枯萎了，才回到空空如也的家。我还比不上一朵花呢，至少它曾经填补过母亲生前的空虚。

89

我总觉得，母亲的最后一句话并不是她最想说的话。她最想对我说的话，肯定未能说出。她还是担心我，却不愿表现出来，只好跟我说了说天气。都这种时候了，天气又有什么好说的？她说这是她遇到的最冷的一个冬天。我从她谈论的天气听出她隐秘的心情。她因为要离开我而感到加倍的冷。这是她和我之间最残酷的一次分离。由于我长期不在她身边，她对我的担心可以理解。只是我将承受更漫长的痛苦：她永远不在我身边了！母亲，担心会增加我的痛苦，甚至不愿说出她对我未知的生活的担心。“母亲，虽然我无法让你放心，可我多么不愿意让你替我担心啊。”

90

终于明白了，游子最怕听见的是什么？最怕听见的是从故乡传来母亲病危的消息。失去母亲就等于失去半个故乡，就等于失去半个自己。不管以书信的方式，加急电报的方式还是电话的方式，故乡在代替垂危的母亲呼喊，呼喊她那走得太远的儿女：快回来吧，母亲在强撑着等你，等你见最后一面——这已是她最后一点小愿望。快回来吧，她快要坚持不住了。快回来吧，不要让她失望，也就等于不要让自己遗憾……我就是在那样一个晚上，被故乡的长途电话惊醒。远离母亲的二十多年流浪岁月都像梦境，一个电话把我拉回现实之中，与母亲有关的生活是我全部的现实，其余的一切都是假的。我就是在那样一个晚上，才意识到母亲并不是永久的，母亲随时可能离去。母亲这个词汇，原来是我们人生中的一件易碎品。一定要轻拿轻放啊！稍有疏忽就会摔碎。听到母亲病危的消息，我的心快要碎了。母亲，请再坚持一会儿。母亲，请站在原地等我，千万别动啊。在这时候，我才意识到自己走得太远了，才意识到自己是有罪的：曾把唯一的母亲暂时抛弃。虽然她没有这样责怪我，但我会责怪自己：自私并不可怕，可怕的是自私地对待母亲。我所追求的那些所谓的名啊利啊，全与母亲无关，母亲需要的仅仅是爱。而我付出的爱很明显是有限的。与那无限的母爱形成鲜明对比。母亲没有了，我体会到莫大的痛苦，却说不清哪部分来自思念，哪部分来自忏悔。或许，我一会儿在以思念的方式忏悔，一会儿又以忏悔的方式思念。

91

母亲的晚年睡眠总不大好，要么失眠，要么老做噩梦，有时夜里会被自己吓醒好几次。现在，我只能这么想：她终于可以好好睡一觉了。她这辈子活得太累了，终于可以多休息一会儿，再不用担心有什么烦恼的事情会把她吵醒。怎么办呢，我只能这么想，用来安慰失去母亲的自己。我的头顶，天一次次黑了，又一次亮了。可母亲头顶的那一小块天空再也亮不起来了。她睡得那么熟，那么安静，甚至失去了做梦的力气。母亲，你是否也把我忘得干干净净？正如你干干净净地忘掉自己？如果说我比你多一份痛苦，那是因为还无法忘掉你。你确实已睡去了，可在我的脑海中，为什么总有一个醒着的你？

92

永远忘不掉母亲去世的那一天。也忘不掉第二天，我在叔叔王万源的陪伴下，去南京石子岗殡仪馆，替母亲挑选棺材、骨灰盒，并且预订追悼会场馆，预约遗体火化时间。那同样是无比漫长的一天，将在脑海中重复无数遍。殡仪馆工作人员拿出印满各种内容的挽联册子，让我从中挑选一副，以便他们制作好悬挂在隔日举行的追悼会上。我一下子紧张起来：怎么能用短短的两句话，来概括母亲的一生？然而刚翻开第一页，我的视线便被一副挽联给吸引住了："一生师表今犹在，十分忠厚古来稀。"觉得它就像特意为我母亲预备的。热泪顿时涌出眼眶。叔叔王万源赶紧劝我平静点，我把这副挽联指给他看，然后说："就是它了！用不着再挑选了。"叔叔王万源也觉得我选得非常合适。母亲高中毕业被公派去前苏联留学，回国后也就二十多岁，分配在南京农业大学任教，当了一辈子老师。从她还是个年轻的助教时，就对学生特别好，像姐姐对弟弟妹妹。她工资菲薄，却多次省下钱来借给困难的农村学生，借完后自己都忘记了。直到学生工作后汇款归还，她才想起还有这么件事。后来她成了副教授，带研究生了，对待研究生就像母亲关心儿女。她说看见这些外地来的大学生就想起在外地读大学的我和弟弟。无论对儿子还是对学生，她都有一颗爱心。说实话，作为她的儿子，我又像是她众多学生中的一个。是的，我从她身上学到最初的爱，有爱的人肯定是好人，好人一生平安！难怪我见到那副挽联，就像读到母亲的小传。

93

母亲，住在山上冷不冷？母亲，没有棉被盖，只盖着一块石碑，冷不冷？母亲，昨夜下大雨了，我也下小雨了：衣服淋湿了吧，冷不冷……母亲，我回想起最后一次替你量体温的情景，冷不冷？母亲，忘掉自己是母亲了，冷不冷？母亲，忘掉自己的儿子了，冷不冷？母亲，忘掉一切了，冷不冷？母亲，天亮了，出来晒晒太阳吧，哪怕你看见墓碑，却不认识碑上刻的字——连自己的名字都忘记了，冷不冷？母亲，我想你了，出来走走吧，哪怕遇见我，也没认出我是谁……母亲，别害怕，就把我当作擦肩而过的陌路人。我只比陌路人多一份牵挂：关心着你，冷不冷？我还比陌路人多一点傻念头：在一条不可能遇见你的路上，盼望着和你的重逢。

94

多年前我为故乡的野菜写过文章。有一段与母亲相关：“关于荠菜向来颇有风雅的传说，不过这似乎以吴地为主。”（周作人语）荠菜成了江南春天的一个符号，最讲求新鲜的，需要现采现摘、现炒现卖。我小时候，母亲领我去紫金山麓踏青，总要随手拎一把小铲刀，挎一只竹篮子，不时蹲下身子，挖路边的荠菜。这样的活，我也爱抢着干，并且总像工兵挖地雷一样认真。母亲站在一旁，边夸我眼尖、手巧，边承诺回家后给我好好地打牙祭。这种散漫且有趣味的劳动本身，似乎比真把荠菜吃进嘴里更令人陶醉。尤其事隔多年之后，更令我回味。我母亲现在还在南京，只不过很老了。我在异乡想念母亲，头脑中浮现的，仍是她教我挖荠菜时那年轻的面容与身姿。母亲，待我下次回家乡，一定搀扶你去紫金山转转，看看是否还能挖到春风吹又生的荠菜？看看是否还能找到自己或对方那缥缈的影子？荠菜，因为我亲手挖过，而且是母亲教我挖的，所以从感情上，它离我最亲近。虽然它同时又标志着一段天籁般不可复得的时光。我采摘到荠菜，却丢失了童心。

95

多年前我为海带写的文章，也有一段与母亲相关：韩国人过生日时有个讲究：必须要喝海带汤。我自小在内陆长大，也爱吃海带做的菜，仿佛就此能跟远方的海洋沾上点裙带关系。海带的清香使我在想象中呼吸到隐约的海风，汤汁里那种清新的自然咸味，也令我联想到缥缈的海水。咀嚼着海带，海水便在我舌尖涨潮，船舶在我嘴唇靠岸。即使听到“一衣带水”这个成语，我觉得是为海带而创造的形容词。我把海带当作大海的礼物来看待。对于我个人而言，这是一顿圣餐。不管以何种方式与海洋亲近，都是神圣的。正如醉翁之意不在酒，食客之意，也不仅仅局限于菜，还牵涉到饮食时的心情，包括回忆与想象。我之所以热爱海带，还在于它是我妈妈的拿手菜。小时候，妈妈总是为我一锅接一锅地用海带炖排骨，说是可以补钙、可以预防大脖子病，等等。我想，母爱也一点点地融化在浓香的排骨海带汤里。那是属于我一个人的海。我是这片时涨时落的海里的幸福水手。有人问美食家蔡澜：您见多识广，最好吃的是什么？蔡澜来不及想就脱口而出：妈妈做的菜最好吃。他说得太有道理了。一方面，人年少时味蕾最灵敏，容易产生深刻印象，口味还未被后来的山珍海味搞得混杂；另一方面，妈妈做的菜最有家常味了，是家常菜里的家常菜，尤其那份细致入微、润物无声的爱心，星级饭店的大厨师根本模仿不出来。还有一点，恐怕也是最重要的：妈妈做的菜，伴随着我们的成长；妈妈做的菜，不是永远都能吃到的。终有一天，它会成为一个美好而怅然的回忆，你拿再多的钱也买不到，它是无价的——在任何餐馆的菜单上，都找不到妈妈亲手做的菜。哪怕只是一碗汤，也是恩惠呀。在断乳期之后，妈妈继续为我们提供着营养，提供着经常为我们所忽略的爱。整整二十年，我出门在外，很难吃到妈妈做的菜了。尤其最近几年，回家探亲，妈妈已老了，无力下厨房了。在她身边，或在离她很远的地方，我会逐一回想妈妈做过的菜。尤其是那道海带炖排骨。我在外面的餐馆里也点过，总觉得没有做出那种滋味。不知为什么？食物不是无情物，总有一个情字使之发挥出别样的味道，不管是亲情、友情、爱情还是人情，哪怕是孤独时的心情，也弥补珍贵。对于我是最好吃的东西，却离我越来越远了。

96

我总是在节日回到故乡。迎接我的有礼花、雪花、腊梅花。礼花是别人的，雪花是自己的，腊梅花是献给你的。妈妈，脂梅花又一次为你而开，虽然你已不在了。它开得跟你在的时候一模一样。离家门两公里就是梅花山，春节还没到腊梅花就开了，年年如此。我们一家人曾踏着积雪去看梅花，还在树下拍过好多照片呢。照片还在，照片里的你还在，可你却不在了。今年，礼花、雪花、腊梅花全攒齐了，爸爸、弟弟和我都到齐了，只缺少了你。我才明白：我们那时候照相不只是和梅花合影，也是为了和你合影，因为你将提前离去。你空缺的位置将被更多的梅花代替。我看见梅花就想你。或许，你也在看着我们呢。

也在陪伴我们一起看花呢。我回到故乡时总是节日，别人用礼花庆团圆，我却用雪花来怀念。踏雪寻梅，寻觅被梅花挡住的你。而在更多的时候，连这梅花都被挡住了。我总是在寒冷的节日回到故乡。虽然寒冷，依然是节日：我离记忆更近了，离记忆里的你更近了。别人踏雪寻梅，我却踩着积雪和遍地的鞭炮屑去找妈妈，她被山坡上那一大片腊梅花给藏起来了。不，她在等着我找到她……

97

喊妈妈的时候就觉得自己变小了，变成小孩、变成婴儿……这可能是我一生中学会的第一句话。喊妈妈的时候是在恢复遥远的记忆：我是弱小的，妈妈是强大的。等到我变得强大了，还是会喊妈妈。等到妈妈变得衰老了，我还是会喊妈妈。不是求助，而是一种需要，再强大的人也需要喊妈妈，通过喊妈妈而知道自己是谁，是谁的儿女。人的一生，其实是通过不断地喊妈妈而变得强大的。我一边喊妈妈一边成长，直至变成一个自己都快认不出的人——可只要一喊妈妈，我就知道自己是谁了，是谁家的孩子。只需一喊妈妈，就知道家在哪里。就知道自己离家有多远。“我从哪里来？要到哪里去？我是谁？”据说这是难倒了一代代艺术家与思想家的哲学命题。其实只要恢复童心，一喊妈妈，问题就全解决了：我从妈妈那儿来，要到妈妈那儿去，我是妈妈的儿子。我的妈呀，你太伟大了，喊一声还真管用。妈妈在的时候，我喊妈妈。妈妈不在了，这个称谓并没失效。记得妈妈去世后的某一天，我走在街上，想起往事，下意识地呢喃了一声：妈妈！把自己吓了一跳。可这么轻轻喊一声，心里果然感到痛快了一些。喊妈妈的时候就忘掉妈妈不在了。喊妈妈的时候觉得妈妈就要回来了，她不会丢下我不管的。喊妈妈的时候觉得妈妈肯定会听见的，不管离我有多远。人与生俱来的最大财富，就是有权利喊妈妈，不管你是国王还是乞丐，在喊妈妈的时候都是干净的。妈妈在的时候可以喊，妈妈不在了还是可以喊，喊妈妈不仅可以忘掉妈妈不在了，还可以忘掉自己的孤单。妈妈，妈妈……我在喊你呢，你听见了吗？用轻得只能自己听见的声音喊，喊一声，即使没听见回答，可我却变得又有力量了。忘掉喊妈妈或忘掉妈妈怎么喊的人，才会失去妈妈的陪伴。喊妈妈的时候，我相信自己并没有跟妈妈走散。

98

多么希望山下就是我的故乡。多么希望村子里有一栋房屋，住着我的老母亲。她喜欢在阳台上种花，那座花开得最多的阳台，该属于她吧？唉，站得这么高、这么远，我明明看见了花，却看不见她。相信她会爱上这个地方，如果她能搬过来——东掌村啊，我会彻底地把你当作我的老家。不管遇到什么好事情，我首先想要与母亲分享。今天也不例外。我恨不得早点告诉母亲：终于找到了一个好地方，可以种花，种玉米，可以种任何想种的东西。我又想写诗了，写诗也是一种播种。种下的是自己的想法。东掌村，看见了你，知道我怎么想吗？多么希望老母亲还活着，多么希望她能在这么好的地方，度过一生中更多的时光。多么希望我不是在远游，而是在还乡。明明离母亲越来越远，却感觉走得越来越近：温暖的东掌村呀，你使我想家了，使我想妈妈了。唉，真不好意思，在你面前，我的心一下子变得很软很软……

99

我似乎第一次来到火葬场。想不到这里是我和母亲又一次分别的地方。以前我们有过无数次离别，要么在轮船码头，要么在火车站或公交汽车站，要么就在家门口，都是她送我，送我一次又一次地去远方。现在轮到我送她了。在高高的烟囱下面，送她上路。想不到啊，我那最近几十年都没出过省，甚至连郊外都很少去的老母亲，也要出远门了。我只能哭着送她：“慢点走啊，妈妈！”她知道我在送她吗？她知道我舍不得她离开吗？毕竟，这跟以前我们之间的所有离别完全是两码事。她一次一次送我去远方，知道我还会回来。可我送她，却是去更远的远方，比远方还要远的地方。我甚至都不知道那地方究竟在哪里，到底是什么样子，我的妈妈住到那里是否能够习惯？慢点走啊，妈妈！炉子里面，热吗？炉子外面，冷吗？路上也会刮风也会下雨吧，你要注意保暖啊，要学会自己照顾自己呀。垂头丧气地站在高高的烟囱下面，我不得不接受面前的现实：

母亲，走了。走了，再也回不来了。我没有母亲了。我再也没有母亲了。从此，我只是一个没有母亲的人，没有母亲的人是多么悲哀呀。我不得不相信：母亲。已变成一缕青烟了。一缕青烟，从高高的烟囱上面袅袅升起，从我头顶袅袅升起，也要去远方了。要去更高的地方，要去更远的地方。这怎么可能呢：那位把我生下来并且养育大的女人，我曾经跟她血肉相连的女人，变成青烟了，变得比青烟还要轻，袅袅升起，去往一个谁也不知道在哪里的地方。然而这就是残酷的事实，你最舍不得分开的人，也会离开你的——不，她还同时离开了她自己。慢点走啊，妈妈！从你生下我到你离开我，从我的摇篮到你的火葬场，原本以为这段路应该很长很长，想不到它是这么的短暂：时间过得好快哟。你又要孤单地走一条全新的路了——慢点走啊，妈妈！冷了、饿了、怕了，就喊我一声啊。你要知道：我会一直惦记着你的，就像你这么些年一直牵挂着我一样。唉，这次分别，不同以往。

100

昨夜梦见母亲。梦见母亲的梦。梦见母亲梦见我了。我不仅梦见做梦的母亲，还梦见母亲梦中的我：他跟我长得肯定很像，但又仿佛是另一个人，在此之前，我只知道自己的模样，却很难想象在母亲的梦中我会是什么样子。现在我终于看见他了：背着沉重的行囊。这些年来，母亲眼里的我都是风尘仆仆的，不是刚归来，就是将要离去，所以在她的梦中我也轻松不到哪里。透过母亲的梦，我才知道自己活得还是有些累的。才知道做这个孩子的母亲也是有些累的。做母亲原本就累，更何况做游子的母亲呢。要多付出多少牵挂与忧虑？游子的母亲连睡觉都不可能很踏实的，她会无法自控地胡思乱想，并且做很多梦，这些梦常常跟远方的儿女有关。有的是美梦，譬如孩子没有任何预告地回家了，醒来后照样会失望。有的梦则是噩梦，印证着她白天的担心，譬如孩子在外地出什么事了，让母亲爱莫能助。这样的梦会把母亲吓醒的。为什么直到昨夜，我才想到母亲也会做梦的，游子的母亲是多梦的？直到昨夜，我才梦见母亲的梦，才知道自己曾在母亲的梦中长期流浪？那副沉甸甸的旅行包，也曾如影随形地反复出现在母亲的梦中。压得她喘不过气来。直到昨夜，它才被我和母亲同时梦见：我不仅第一次梦见母亲梦中的我，还梦见那个我背着的双肩挎登山包，它快要成为游子命中注定扛着的十字架了。直到多年后在母亲的梦中，不，在我梦见母亲的梦中，在我梦中的梦中，它还没有给卸下来。母亲梦见负重的孩子，对于她本身就是一种负重啊。我为什么直到现在，才惦量出自己的流浪带给母亲的压力（她的梦也将随流浪的孩子而流浪，漂泊不定）。你可以说母亲原本就是港湾，可那走得越远的船，越会让港湾揪心啊，因为那条船正是在她这里下水的，有了船的出发，也就有了港湾没有止境的期待。母亲一定常常梦见我的那副旅行包，梦见它的归来，梦见它像锚一样重新放下了，给港湾吃一颗定心丸。梦见它的归来就是梦见我的归来。这样的梦她肯定做得多了，才会被我梦见。我不仅梦见做梦的母亲，还梦见母亲的梦。可惜还是太晚了：当那被港湾外面的风景给迷住了的船又一次归来，港湾已不在了，它只能在港湾的遗址上继续流浪。昨夜我梦见母亲，梦见母亲曾梦见的我。醒来后才想到：母亲已不在了，那不在了的母亲已不会做梦了。昨夜，我梦见那不在了的母亲所做的梦，跟真的一样，梦里面不仅有我，还有我双肩挎着的登山包。也许，那是她曾做过的梦吧。只不过延迟地被我梦见。不，也许是已不会做梦的母亲仍然在牵挂我，让我在替她做梦，替她把流浪的孩子梦见。母亲自己也去流浪了，可是她仍然牵挂着流浪的孩子。我曾经长期在母亲的梦中流浪，而今，是母亲在我的梦中流浪了，可以说直到梦见母亲的梦，我才真正体会到作为游子的母亲的那份艰辛，我只因为自己的艰辛而忘掉母亲的艰辛。而今，我不仅知道自己一直在负重前行，还体会到压在母亲身上的重负，她在重负下靠做梦来获得暂时的解脱。因为有我，因为有我那副沉甸甸的旅行包，她曾做过的梦也是沉甸甸的。

101

几乎以为忘掉老家了，那苏北平原星罗棋布的村庄中最普通的一个。它确实和我而今的生活不再有任何关联，更确切地说它应该是我母亲的老家，母亲在那儿长成个梳独角辫的十八岁姑娘后，才扑扇着翅膀离开它。仅仅在快读小学时，我由父母带领着回去过一趟。那次还乡之行因一场雨而渲染出特殊的气氛，尚很年轻的父母搀着七岁的孩子，在县城下了长途汽车，又整整步行了十几里，而且是崎岖的道路。我似乎还天真地发问过一里路有多远，母亲避而不答，俯身给我系紧鞋带："不远了，老家就在前头，能看到一棵大槐树就到了。"然而实际的遥远与艰难使我屡屡有受骗的感觉，我在途中气愤地哭了。最后一段路是父亲把我扛在肩上的，使我注意到头顶那轮含蓄于云端的微红月亮。虽然如此，最后跨进那幢窗外苇影摇曳、母亲在此度过少女时光的江南风味的红砖小厢房时，我已是一个十足的小泥猴了……那几天里母亲指给我看室内陈旧的家具，述说她年幼时发生的逸闻趣事。那扇锈迹斑驳的老式梳妆镜使我惊讶了好一会儿。念及其中曾天天照映过母亲童年的面影，真想把它们找出来一一翻阅，如若它能像一张发黄的相片般实在可寻。唯独这一个细节我记忆犹新，因之而坚信自己从小就耽于幻想、童心可鉴。其余的一切，由父母携带串一家又一家门，拜访各种各样面孔的亲戚，温软亲切的吴腔侬语，在印象中皆混淆如一盘散沙了……短暂的假日飞快地度过，老家很难给无牵无挂的孩童留下特别深的感触。自此之后再也未曾有缘重踏那方土地。甚至也难得听父母更多地提起它。老家的远亲们都在那块黄土上日出而作，日入而息，即使他们有暇念及四飘的旁枝别叶，毕竟与我们远在城市的生存缺乏实际的联系和共性，甚至父母精心安排的那一次还乡似乎都没有更大的目的或意义，仅仅为了在长久相忘后重温一个日渐遥远的梦而已，哪怕疏淡将是必然的。偶尔会收到一封短促的老家来信，大都是告诉母亲某姥姥或某爷爷去世了，母亲每逢至此都要流着泪汇去一小笔钱。也来过一两位乡下的亲戚，说是来城里办事，顺道照地址找来看看。坐在铺地毯的客厅里大多手足无措，表情木讷，不等吃饭时间匆匆留一份土特产就走了。这种尴尬的陌生，是归结于乡下人的自卑感，还是他们所特有的憨厚朴实？我去外省读大学时，坐火车路过一个只停留三分钟的小站。本没在意，广播里念出的站名使我心弦一颤：窗外横陈着我曾有过一面之缘的老家，母亲的老家。母亲的老家也是我的老家。我没想到老家正巧坐落在这条路线上。老家啊老家，我五味俱全地做了你的过客。

102

刚工作那几年，囊中羞涩，我都是坐硬座回家过年的，回家是为了过年，过年是为了见到爸爸妈妈。那时火车慢，要开一天一夜。困了只能趴在小桌上睡一会儿，枕得胳膊都麻了。可春运列车多挤呀，好多乘客只有站票，就在过道上铺张报纸坐下，连我们的座位下面都躺着人。跟他们相比，我还有权利觉得苦吗？能有硬座可坐，已够让人羡慕的了。有一年连硬座都买不到，我也咬咬牙，订了站票。我也在过道上铺张报纸，挤坐在人堆里。毕竟，这趟火车的目的地就是故乡，爸爸妈妈在等我呢，想到这里就不觉得苦了。为了回家过年，为了见到爸爸妈妈，再苦再累也值得啊，再苦再累也要扛啊。一旦回到家里，洗个热水澡，吃上妈妈给做的热饭菜，所有的苦与累都忘掉了。还真有过一次，春运期间票实在难买，我只好乘坐大年三十的火车，到达南京已是初一上午。除夕夜是在火车上过的。可见回家本身比过年还重要。听别人说前些年除夕夜的火车都会给乘客赠送热水饺，那一趟车却没见送，我没吃到，并不觉得遗憾：明天上午就到家了，妈妈做了许多比水饺更好吃的等我呢……眨眼之间，我已安然坐在家中靠阳台的房间，趴在老式八仙桌上埋头吃母亲精心烹饪的淮扬风味饭菜，而随身携带的风尘仆仆的行囊，像一个脏兮兮的孤儿般被遗弃在门边不显眼的角落。2008 年回家过年，我多了一份悲伤。前一年年底，我妈妈去世了，我赶回去在医院里陪护了她的最后一夜。不到一个月就又回南京，为了过年，为了陪伴爸爸。车离南京越近，我心里越感到空落落的：妈妈再不可能做好满桌的热饭菜等我了，给我开门的再也不可能是妈妈了……南京啊南京，既让我感到甜蜜，又让我感到忧伤。为了平息自己的情绪，下车后，我在火车站对面的玄武湖走了一小圈。这是唯一的一次：下火车后我没有争分夺秒地赶回家里。感谢玄武湖，是它那倒映着蓝天白云的辽阔波光帮助我想通了：只要故乡还在，妈妈就还在，还在等着我，等着我回家，等着我离她更近一些。这才是故乡对游子的意义：即使妈妈已变成一个影子了，可影子也依然会等待。我不能辜负影子的等待，因为妈妈的影子与故乡同在。

103

我在回家，回到过去之中，就像套上一件熨贴的旧衣服，表情变得安详。这证明我注定是过去的主人，以及现实的客人。弟弟代表父母来火车站接我，抢过我手上的提包，背在肩上：“咱们出站吧。妈妈在家里做好了饭菜等你呢。”在公共汽车站等车的间隙我问弟弟：“妈妈还好吗？”“前一阶段身体不太好，加上我和爸爸经常出差，她一个人待在家里，挺寂寞的。有时一个星期都不下楼，只要冰箱里还有吃的。后来医生嘱咐她没事时多散散步，她就每天坚持步行到郊区，然后坐车回来，精神状态好多了。”我的妈妈，将近一年没见到你了。如果说家在我生活中属于记忆的话，你是我记忆中最明显的标志。母亲的身影永远是家的核心，是思念的旗帜每天冉冉升起的旗杆。一个忘掉母亲的人是没有故乡的。

104

“我昨天夜里还梦见你呢，梦见你正坐在火车的窗口看风景。”当母亲梦见我的时候，当时的我是否有感觉？我和母亲梦境中的我，哪个更真实？从没有哪一次还乡能像今天一样使我惊讶地发现：母亲老了。头发花白了，牙齿快掉光了，皱纹爬上额头……真是“天上七日，人间一年”呀。但她某些方面反倒更像个孩子，周身上下洋溢着返老还童的光辉，尤其当她一本正经地向我描述一些哪怕极平淡琐碎的所见所闻时。我开玩笑地搜索她脱在沙发上的棉衣口袋，发现了一张玄武湖动物园的门票。母亲跟我解释她前天上街散步，忽然想去动物园了，便步行了一个多小时前去。她越来越喜爱步行了，明明有公共汽车也不坐，除非极疲倦的时候。她在动物园门口买了一包糖炒栗子，本想是准备自己吃的，结果都喂给猴子和羚羊们了。“你不知道，它们吃得可香了”，母亲的神态像在描绘一群馋嘴的孩子。还有一次，母亲忽然想坐火车了，她已好多年没离开过南京了，便步行到城北地带，那儿有铁道线，迎面看见一趟列车驶过，从车标上看到“南京—黄山”的字样，她恨不得立刻就能搭乘上去。考虑到去黄山玩非要好几天时间，没来得及和家里人打招呼，母亲才打消了念头。为补偿自己的遗憾，她搭乘长途汽车到邻近的龙潭镇走了一圈，在镇上吃了一碗地道的辣油馄饨和几串油炸豆腐干，到天黑才心满意足地返回家中。她说龙潭镇有她娘家的亲戚，只是多年未联系了，加上未带地址，无法从那密密匝匝的居民区里查找到。为锻炼身体，母亲遵照医嘱每天坚持散步。她把整座南京城都走遍了。母亲每天都进行一次小小的旅行。这是她晚年生活中最丰富的内容。如果没有这一项，如果禁止她每天外出散步，她会多么空虚啊。目睹着母亲晚年生活的横截面，我不无苍凉之感。对自己多年来的离家出走也不无谴责。漫无目的的散步，已是孤独的母亲最酷爱的活动，或许她直到晚年才意识到这一点。她借此而与日出日落的世界保持着接触。或许我无法根治的梦游症，我所选择的更大范围的流浪，都有母亲的遗传因素？

我喜欢漫无目的地在世界上散步。散步之所以不同于旅行，就在于它是没有目的的。散步时遇见的人，都等于被我梦见过。梦游者是不带地图的。

掌心的纹路就是命运，就是她或他真正的地图。

105

刚进中学的那年夏天，一本《普希金诗选》成为母亲送给我的小礼物。从此，我知道了世界上曾经有过这样一颗纯粹、美好的心灵。后来读到某位同龄人写的《母亲的母校》：“母亲进了南京大学，选择的是俄语专业，自然与50年代的俄语热有关。俄籍教师给母亲起了个娜塔莎的名字。后来又有母亲的同龄人告诉我她年轻时读过多少多少遍的《叶甫盖尼·奥涅金》，我觉得从这可以看出母亲的气质。”我简直诧异于她的母亲与我的母亲气质上的相似。我母亲50年代去苏联留学，在她就读的那座城市，一些街道曾经是普希金当年经常散步的，母亲向我描述过走在这些街道上的心情。“在俄罗斯，很少有人不知道普希金。”母亲概括着这个名字深入人心的程度。我惊奇了：“他是谁？为什么呢？”母亲的脸上有一种光彩：“因为他是诗人。”那时我还小，尚不知晓诗人的确切含义，但通过母亲闲坐在书房里断断续续的解释，我朦胧地意识到诗人能把内心的激情以最美丽的方式表达出来，并感染更多的人，使他们激动，或者深思。做个诗人真是件幸福的事，能够让那么多人记住他，我当时这么想。大学四年，宿舍同伴们的床头不断更换着影星招贴画，我书桌玻璃板下自始至终放置着一小幅普希金的油画像——它实则是我母亲留苏时带回的明信片性质的印刷品，边缘已经有点泛黄了。这恐怕暗合我心室中为诗人所保留的位置，画像上的普希金与我初读其诗时所想象的简直一模一样：缭乱不羁的卷发、络腮胡须、紧抿成一条缝的嘴唇，以及那双忧郁而深沉的眼睛，我最欣赏他刚毅的前额，皱纹使之呈现出石刻般的效果……有人这么描写过普希金：“有时候，他在一阵沉郁以后，会像狮子耸动鬃毛似的突然摆摆头，想把郁悒的阴云逐开。” 这个动作我能够想象得出，并且以为它最能代表诗人的个性。那 800 首秀丽得甚至略显纤弱的诗篇，就是从这样一个躁动不安的脑袋里诞生的，真像一个奇迹。凝视普希金的肖像我常常作如是想。感谢母亲，介绍我认识了普希金。感谢普希金，在我伫立于青春门槛上的时候，送来了诗与美，一笔不可估价的财富，使我发现并相信了茫茫世界所潜藏的无穷诗意。我一生对美的事物将保持的信仰与普希金高尚诗歌的最初启发有关！

106

母亲去世时，我刚刚 40 岁，每听见比我还年长的人，谈论他们仍然健在的母亲，我在羡慕之余，也会无端地有几分自责，觉得自己并不是一个最称职的儿子。若是能够更关心、更会照顾母亲，她没准也能更长寿一些。我要是放慢自身发展的节奏，多腾出点精力去陪护母亲，她应该能多活几年的？母亲去世时，刚刚 73 岁。现在物质生活条件提高了，人的衣食住行乃至营养都好了，活到 80 岁、90 岁是很容易也很普遍的。记得在医院结母亲最后一次住院的费用，办手续的大夫看病历时下意识地念叨一句：“才 73 岁啊……”我的心里痛了一下。唉，母亲离开得还是有点早了。她还是有可能在人间多住一段时间的。我只能怪自己没把她挽留得住。甚至，我还没有来得及挽留。我根本没想到母亲这么快就走了。根本没来得及想：母亲，也会走的。我整天里尽想些什么了？尽想着怎么多读几本书、怎么多写几篇文章，尽想着怎么出更大的名挣更多的钱，就没想到该挤出点时间，去陪陪母亲，让她生活得更好一些。

我是忽略了母亲总会走的这个问题。忙，不是理由。作为一个儿子，我还是有点自私了。把原本应该用来挂念母亲的时间也挪用来考虑自己的事了。母亲，你不幸地摊上我这么一个不够用心的儿子。如果我真的尽心尽力了，你一定能多活几年的。譬如，你这次天气降温仍出去晨练，假如我在家乡，在你身边，劝你多加一件御寒的外套，或者阻止你出门，你也就不会重感冒并引发心脏病了。你也就不会这么早就走了。谁想得到呢。小小的一个细节，就能决定你的命运。可我作为一个儿子，应该想到的，应该做到的。应该做得更好的。我也曾意识到对母亲的欠缺，总以为人在江湖身不由已，想等到有空闲，再加以弥补。有弥补的心时，却没有弥补的力，等到弥补的心与力全有了，却没有弥补的机会了。我计划中准备为母亲做的事，再也不可能实现了。只能在自己的想象中，继续做吧。母亲活着时体会到的来自我这个儿子的照料，还是很少很少的。当我觉得自己还没长大的时候，母亲已老了。当我觉得自己长大了，应该反哺母亲了，母亲已不在了。这就是我欠母亲的一笔感情债。虽然所有的母亲都不会觉得儿女欠她的。如果母亲能再活几年，我这种愧疚也许会变得轻一些。可生活，是不相信“如果”的。在我没来得及补偿母亲的时候，母亲就匆匆地走了。我做得好与不好，对于她都没有意义了。每听见比我还年长的人，谈论他们仍然健在的母亲，我就神情恍惚，自己的母亲若还活着，该多好啊。如果她的儿子不是我，而换上另一个人，她没准能多活几年的。或者说，如果我没有到外地打拼多年，而是一直陪伴在她身边，她没准现在还活着呢。至少，她寂寞的晚年会过得更幸福一些。我只顾着追求自己的热闹，却忽略了母亲，这无形中造成了母亲的寂寞。现在，母亲走了，所有的热闹都变得不值钱了，我也感到寂寞了。不仅感到母亲的寂寞，还感觉到了自己的寂寞。失去了母亲的儿女都是寂寞的。

107

母亲是 73 岁离开我的，在此之前没有任何预兆。隔了一两年，参加一位同事的父亲的追悼会，老人是 84 岁去世的。当时听人念叨：73、84，真够准啊。详细打听，才知道民间有一个迷信的说法：73 岁和 84 岁，是老年人命运的两道坎，冲过去了就能顺顺当当再活若干年。我不知道这是否有一点科学依据，也许这两个年头是人生理周期和生命周期的脆弱阶段，危险系数较高，若调整得好，则能安然度过下面十年？我也没法考证到这两个年头的死亡率确实偏高一些。既然有这样的传说，从谨慎起见，还是宁信其有、不信其无吧。我遗憾的是以“两耳不闻窗外事，一心只读圣贤书”为信条的自己，在此之前，居然连这种民间说法都没听说过，真是当了半辈子的书呆子啊。不管它是一种知识还是一种谬误，知道了总比不知道好啊。至少会让你提高警惕，做好预防措施。可惜我连这种说法都不知晓，也就没有任何心理准备，偏偏母亲正是在 73 岁，因病去世。过迟地听到这种说法，我几乎相信它是真的。若是自己能有所提防，在这一年里的每一天，都对母亲关心倍至，把她像瓷器、像所有的易碎品一样保护起来，或许能帮助她冲过这道鬼门关的，那么她至少能多活11年。等她快到84岁了，再把她如此这般地加以呵护，没准她还能活很长时间，很长、很长时间……这么一想，我就替母亲感到亏了。这么一想，我就责怪自己做得太不够了。该做的都没有去做，更没有做好。其实，我不能怪自己不是一个很称职的儿子，不知道怎么疼母亲爱母亲，没把母亲的危险当成自己的危险……要知道，母亲老了以后，每一个年头都充满风险啊，每一个年头都需要儿女的呵护啊。又岂止是73岁和84岁这两道坎呢？这么些年来，我光顾着自个儿了，却没保护好母亲。母亲是在没有得到我呵护的情况下才患病去世的。她连第一道坎都没冲过去。那是因为无知且无能的我，没有在她最需要的时候，推她一把、托她一把、帮她一下。而在远方疲于奔命的我，根本没考虑到母亲的生活正危机四伏。我不仅没提供有效的保护，甚至都没在她身边，没给她一种安全感啊。母亲，即使你不会怪我，我又怎能不怪自己呢？

108

许多古训是相互矛盾的。譬如，既有“父母在，不远游”，又有“好男儿志在四方”。关键看你怎么选择了。至于怎么选择，又要看你怎么想的了。我选择了“志在四方”，18岁就离开父母，到武汉读大学，好歹与老家南京还有一条长江联络着。22岁又跨过黄河，去更远的北京闯荡了。几十年过去，回头想一想，觉得自己对得起国对得起自己，却对不起自己的家，尤其对不起在家中生老病死的母亲。我倒是实现了从文、修身、立命、爱国、闯天下的志向，却对自己的母亲爱得不够，爱护得不够，不仅如此，还使她增添了许多孤寂与担忧。18岁以后的儿子，在她视野里越来越遥远，越来越陌生。只有逢年过节回家探亲，我才能拉近彼此的距离，重新变得熟悉。看不见母亲的时候，忙碌的我不见得每天都能想到母亲。可看不见我的时候，母亲每天都在牵挂着儿子啊，她能想象出儿子孤身在异乡谋生的艰难，怎么可能不为之捏一把汗呢？我倒是“志在四方”了，却忽略了家，忽略了家中的妈妈。这真应验了另一句古训：“忠孝不可两全”。我忠于自己的理想了，却也不能全心全意地尽孝道了。母亲孤独的时候，我不在身边。母亲担忧的时候，我不在身边。母亲生病的时候，我不在身边……许多次母亲最需要儿子的时候，我不在身边，18 岁离家后的整整 22 年里，把探亲假全加起来计算，我实际呆在母亲身边的时间，还不足两年呢。也就是说她把我养大到 18 岁，只接受过我两年的探望与回报。跟那些一直有儿女陪伴的母亲相比，我的母亲真有些不幸呢。即使不能说她白养了我，我却觉得自己只尽了十分之一的孝道，只做成了十分之一的孝子。差得远呢。没有照顾好母亲，我有时觉得自己该算作白活了。为了解脱这种愧疚感，我会联想到岳飞的母亲，岳母在儿子背上刺“精忠报国”四个字时，自己也准备好承受儿子远游乃至失去儿子的代价了。虽然我不是岳飞，更无法跟岳飞相比，但岳飞的母亲也就等于我的母亲，等于所有人的母亲。天下的母亲，想法都是一致的，都希望儿女能够成材，能够实现理想与价值，这其实也正是母亲自身的理想与价值。为之她情愿无限地付出而不图丝毫索取。因为儿女个人价值与社会价值的实现，本身就是母亲的最高理想，本身就是对她的最大回报。我相信我的母亲也是这么想的。当我 18 岁坐江轮溯流而上去武汉念书，她在码头上含泪送我，是这么想的。当我 22 岁要去北京找工作，她排队替我买到一张火车票，是这么想的。当我坐在北上的火车上，开车的笛声响了，月台上的她从车窗外递进来一只橘子，也是这么想的，那一瞬间，她只能拜托那只橘子继续陪伴我……在我所有不在她身边的日子里，她都是这么想的。她既舍不得我走远，又希望我飞高，飞得更高……因为，因为儿女的愿望就是母亲的愿望。不，比她自己的愿望更为重要。她会为儿女的幸福而幸福。母亲去世后，我只有这么想，心灵的债务才可能减轻一些。母亲肯定希望我生活得更好，我要生活得更好。母亲肯定希望我能够成功，我要避免失败与退却。母亲肯定希望我对社会更有用处，我也更要这么努力。母亲不在了，可母亲的愿望还在，又变成我的愿望。我不仅是在实现自己的愿望，也在替母亲实现她的愿望，她对我的愿望。我不能让母亲白白付出那么大的代价。母亲在的时候，她的鼓励与期望带给我力量。母亲不在了，那种力量仍然存在。我不是怕自己对自己失望，我是怕自己让母亲失望。我只能以这种方式尽孝心了，为那个不在了的母亲继续尽孝道。如果说母亲在的时候我只做成了十分之一的孝子，那剩下的十分之九呢，我要在后半生继续做，我要在母亲不在的时候，继续做，直至彻底地成为一个孝子。母亲在的时候，一直为我担心。母亲不在了，我仍然希望她能为我而骄傲。你信不信，我会让母亲为有我这个儿子而骄傲的。当然，我首先为自己有这么一个坚强的母亲而骄傲。

109

家门口的石榴树，我每次在归来时首先看见它，在离别后又接着忘掉它。我曾在不同的月份归来，有时石榴树正开花，有时正结果，有时既不开花也不结果，只剩下瘦瘦的枝干与叶子。同一棵石榴树，在我脑海里留下不同的印象。仿佛家门口住过无数棵石榴树。离别意味着遗忘，但偶尔也会想起它：当我不在的时候，它在干些什么呢？它会想些什么呢？它是在开花，在结果，还是什么也不干，什么也没想？家门口的石榴树，是离母亲最近的一棵树了。母亲最喜欢的树就是它了。母亲出门散步，总要在树下站一会儿，总要仰头望一会儿，看它开的花，看它结的果，没花没果的时候就看叶子，叶子也很好看的。母亲把石榴树当成我来看了吧？因为她和我说过：在五月出生的孩子，都是属石榴花的，五月是石榴的花季。这二十多年来，我的生日几乎都是在外地过的。过生日时会下意识地联想：家门口的石榴树也开花了吧？母亲，说不定也正在看石榴树开花呢。我同样是母亲的一朵花，只不过开得更远一些，她看不见罢了。那棵石榴树代表着我，陪伴母亲的寂寞。家门口的石榴树，被邻近的高楼挡着，日照不很充分，每年开花的日子，都要比旁边空地上的石榴树晚半个月。这是母亲观察后的发现，她把这个秘密告诉过我。她真细心啊。我现在才明白，是寂寞使她发现了这个不易察觉的秘密。周围的邻居，没谁会留意也没谁会在意石榴花早几天开或晚几天开的事情。其实，跟那些儿女长期围绕身边的母亲相比，我母亲正如家门口缺乏日照的石榴树，有更多的时光生活在阴影里，快乐要少一些，寂寞要多一些，恐怕连笑容都会显得慢半拍。然而只要我千里迢迢回到家，她立马就心花怒放了。这瞬间的甜，是平日里的苦酿成的。家门口的石榴树，花开得虽然慢一些，可能还费劲一些，但开出的花却一样的灿烂，红得那么耀眼。有几次还乡，恰巧花还没谢，我特意搀扶母亲在树下多站了一会儿，多看了一会儿。我们都在看石榴花，可她看见的是我，我看见的是她。我想，家门口的石榴树，也在看我们母子俩吧？也看见我们脸上的笑了吧？而今回忆，那是多么美好的时光啊！可它为何又如此短暂？真的跟花一样，迟早会谢掉的。如今母亲不在了，家门口的石榴还在。母亲不在了，她的寂寞还在，又转移到我身上：每次回家，我都要在石榴树下转悠着，抬头看老半天，不仅是在看它，分明还想通过它看见那不在了的妈妈。我想象着母亲当年怎么看它的，看它时又是怎么想的，我就能够看母亲所看，想母亲所想。母亲并没有离开这棵石榴树，更没有离开我。她没准也正透过茂密的枝叶偷偷看着树下的我呢。母亲当年看石榴树，看见的是我。我现在看石榴树，看见的是她。家门口的石榴树，是我和母亲一轮又一轮相聚与离别的见证，上个月又回一趟家，看见树上结的石榴，胀得饱满的果实悬挂枝头，有些已熟透了，却一副龇牙咧嘴的样子，仿佛在喊疼。我的心也有些疼。母亲去世已两三年了，只要想起她，我心里还是会很疼的。甜蜜的石榴，正如美好的回忆，变得有点苦了。临别时特意又多看了石榴树几眼。心想，我不在家的时候，还会有谁这么关注它呢？唉，那长期关注过它的母亲，如今也不在家了。石榴树啊，你也开始寂寞了。

110

母亲在的时候，我在远方，每年过生日，首先想到的是自己：又长一岁了，该做什么什么事了；又长一岁了，梦要少做点，事要多做点…… 我邀请身边的朋友、同事、合作伙伴等等聚会庆祝，忙得都来不及给老家的母亲打一个电话。收下各种各样的生日礼物，却忘了它们跟母亲有关。如今，母亲不在了，我又过生日，却很少想自己，更多的是在想母亲。想若干年前的这一天，母亲生下了我，那一瞬间一定很疼吧，那一瞬间一定很危险吧？我忘掉了这是自己的生日，而把它当作母亲的受难日、母亲的纪念日。我忘掉自己是在这一天成为自己的，只记住了，母亲是在这一天成为母亲的。再也没心思举办宴会庆贺；所有生日的快乐，都是建立在母亲的痛苦基础上的。母亲以那一刻的痛苦为代价，使我们获得了生的快乐、活的快乐。唉，当你祝一个人生日快乐时，更应该祝他（她）母亲快乐！又过生日了，我不仅高兴不起来，我也有痛苦了。不仅能想象出母亲生我时的痛苦，还承担着失去母亲的痛苦。又过生日了，我体验到双重的痛苦。这一天真不好过啊！又过生日了，我还是在远方。不，我的母亲她也在远方了，在远方的远方。我不再想自己又长了一岁，只想着，那比远方还远的母亲，又老了一岁吧？虽然她不在了，只要我还在，就该替她把年龄继续计算下去，我多了一圈年轮，母亲也会多一圈年轮的。她的生命停止了，可她的年龄不会停止，她的年轮不会停止。因为我对她的怀念没有停止。正如钟表可以停摆，时间却不会停止。

111

搬了无数次家，我仍然保留着一张过期的车票。那是第一次离开故乡的火车。我保留着第一次出门的自己，最初的恐惧与伤感。记得母亲在月台上送我，眼睛里有泪。她不是担心我不回来，担心的是我回来还会再走。她预感到远方将成为我另一个母亲。应该说她的预感一点没错。那张车票使我从此成为远方的儿子。直到今天，火车似乎还在哐当哐当开着，在这里停一下，到那里停一下，只是起点站没变。直到今天，母亲似乎还在月台上站着，眼里含着的泪，彻底变成了星星。直到今天，母亲用她的工资替我买的那张车票，仍时常被我紧紧攥在手中。虽然过期，但没有作废。

112

又是春节，鞭炮响起，可惜你听不见。烟火升起，可惜你看不见。我想起你了，可惜你不知道。你可以不知道，我却没法不去想。在别人都很高兴的时刻，我想起你，想着想着就变得忧伤。鞭炮响起，我也听不见了。烟火升起，我也视而不见。在别人都很高兴的时刻，你是寂寞的。想起你的寂寞，我也寂寞了。母亲，你在哪里？你是一个人，在寂寞地过节？我因为想你，变得寂寞，虽然你对我的想和我的寂寞一无所知。如果我没有想你，你的寂寞会不存在吗？不，你的寂寞会更加寂寞。鞭炮响起，留下一地碎屑。烟火升起，转瞬间化为乌有。在欢度节日的人群里，我是比较另类的。我胡思乱想，连碎片都留不下来，我的想法本身就是碎片。越是在欢庆的日子里我越容易想起你。想起你，就有一种心碎的感觉。既然你无法分享别人的欢乐，就让我分享一点你的寂寞吧。母亲，不管你在哪里，都不是一个人在过节。虽然，我离你很近，你离我很远。

113

很多年前，故乡是不可代替的，那里有我的母亲。一个人只有一个母亲，母亲是不可代替的，母亲生我的地方是不可代替的。很多年后，故乡仍然不可代替。那里有我母亲的坟。我在坟前哭过。我哭过的地方是无法忘记的，母亲安睡的地方是不可代替的。当母亲生活在故乡，我即使在异乡，也会不断地长大，既作为母亲的儿子，又作为故乡的儿子。如果非要给故乡找一个替身，那么只有母亲。只有母亲可以代替故乡。当母亲变成心头的一座坟，我就开始老了。故乡，也因为多了一座坟而变得沉甸甸的。母亲在的时候，故乡是甜的，我在异乡吃再多的苦，想起故乡，仍然感到甜。那种甜无法代替。母亲不在了，故乡变成心中的一枚苦果，真苦啊，比什么苦都苦，无法代替。

114

春天了，故乡的花一定开了吧？全开了吧？可惜我看不见。我看见的是异乡的花，很美，却美得跟故乡的花不一样。故乡的花开了，同样也看不见我，不知道有个人在想它们。唉，它们不是为我开的。我却没法不想它们。异乡的花也在开，开到一半，就停住了，停住了几分钟。因为在这一瞬间，看着看着，我就有点走神了。我没有想家，只是想起开在家中的花。越是看不见，越想看啊。在故乡之外，所有的花都属于野花吧。至少对于我是这样的。野花很美却美得跟故乡的花不一样。我还记得多年前在故乡看花的情景，看着看着，眼里只有花了，甚至忘掉自己是谁。看着看着，眼里只有故乡的花了，甚至忘掉远方，忘掉远方还有野花。春天了，故乡的花全开了吧？一定要多开一朵啊，替我献给爱花的妈妈。妈妈虽然没离开故乡，却跟我一样看不见故乡的花了。她走得比我更远。唉，我不仅看不见故乡的花，也看不见妈妈了。

115

母亲看不见我的老年，我看不见母亲的童年。我看见的时候，母亲已是母亲了。我看不见她怎么成为母亲的，看不见她成为母亲之前的一切。她是否玩过我爱玩的那些游戏？捏泥人，过家家，荡秋千？抱着洋娃娃睡觉，直到若干年后，它变成了我？可我是会长大的，长大了，就脱离她的怀抱，留给她一块空缺。当我进入不再游戏人生的中年，母亲却跟我玩起了捉迷藏：她把自己藏起来了，藏得那么严实，我怎么也找不到。母亲，也留给我一块更大的空缺。母亲看不见我的老年斑，我看不见母亲的蝴蝶结。母亲的童年好像跟我无关，她还没意识到我会出现。我的衰老，却是从母亲消失的那一天开始的。我的悲伤，母亲看不见。

116

世界上最重的石头，是母亲坟上的那块碑。老是压在我的胸口，谁也没法把它的影子挪走。除非，太阳不再升起来。除非，等到风把碑上的字迹磨平的那一天。除非，石头也会像泡沫一样破灭。即使这样，我心里也有一个捅不破的泡沫。除非，我也像泡沫一样被捅破了。也许，我亲手把母亲的碑埋在身体里了。立在她坟头的，不过是一个影子。刻在影子上的名字，还是那么真切。属于她的，必将永远属于她，不管是一块风吹雨淋的顽石，还是一颗忽而沉甸甸忽而空荡荡的心。

117

即使没有那块碑，我还是会加倍地爱这一小块土地。这是母亲走完的最后一段路。从此，她站在原地，再也走不动了。那块碑仅仅在证明：对于我，哪里才算得上天地的中心？无论我走向天南海北，都要从这一个点上，开始计算自己与母亲的距离。如果连这个参照系都失去了，我怎么知道走了有多远？即使母亲已等待得忘掉了等待，我仍然觉得自己是一个有归属感的游子。绕了再大的一圈又一圈，还是会回来，把刻在碑上的文字，重读一遍。每一次，都像刚刚识字一样惊叹。这巴掌大的一小块土地，每一次，都像母亲伸出的手，抚平我内心的褶皱。我走了很远，回头，还是能看见那块碑。为了告诉我她还在那里，母亲的手总那么举着，一点不感到累。

118

无意中发现母亲少女时期的老照片，扎着一根漆黑的大辫子，造型有点像《红灯记》里的李铁梅。从我有记忆起，还没见她扎过辫子呢，印象中她总留着运动型的短发。是的，在她二十多岁的时候，做了一笔美好的交易：剪掉那根心爱的辫子，为了换取一个我。随着我的到来，她的少女时代彻底结束了，她成为一个孩子的母亲。那根失去了主人关爱的辫子，后来到哪里去了？如今，我还在，母亲却不在了。没准，她去找那根弄丢的辫子了？但愿，在另一个世界里，失而复得的辫子，能好好陪伴她，免得她太孤独。可她对这个世界的我也一样牵肠挂肚啊。

119

母亲离开的时候是冬天，我恨死了冬天。使母亲得病的是寒冷，我恨死了寒冷。母亲突发的是因感冒引起的心脏梗塞，我恨死了心脏病。那年在南京，是五十年不遇的一次严寒，天气预报都报道了。可体弱的母亲却防不胜防。12月17日，母亲病逝的日子。除了自己的生日，我最难忘的就是这个日子了。这两个日期，都与母亲有关。每年的12月17日，对于我都是最冷的一天。每年到了这一天，即使待在有暖气的房子里，我还是浑身发冷。总要回想起那一年的寒冷，那一年的悲伤。那个冬天的坏消息啊，你也让我防不胜防。那是最难熬的旅途：我毫无准备地成了奔丧的人。刮进领口与袖口的超强冷空气，怎么也忘不掉。其实我怕的不是冷，而是痛。想起那个冬天，胸口就有一点疼。也许我错怪了冬天，更应该怪的是自己：那个冬天，为什么不在母亲身边？也许我错怪了寒冷，更应该怪的是自己：正因为不在母亲身边，才使她少了一点温暖？我是她最渴望的一个“援兵”，却迟到了。她被寒冷打倒的时候，我远在天边。接到她病危的通知，我正在带供暖设施的北京住宅里上网呢，正在博客中写诗呢。一个长途电话，就把我从虚拟的世界拉回无情的现实之中。更应该怪的是自己：在我沉醉于自身梦想的时候，常常忽略了母亲的存在。在我不再需要母亲照顾之后，常常忽略了：母亲正需要我的照顾。是我，使她孤立无援时的希望一次次落空了。而我居然还不知道。等我知道的时候，一切已来不及了。那个冬天的寒冷，给她衰弱的身体压上最后一根致命稻草。我原本可以把它给掀开的，却没来得及伸出手。

120

梦见回到故乡。在梦见的故乡，接着梦见母亲。梦见她要我说说在外地过得怎么样。接着梦见自己，兴高采烈地讲述这些年挣了多少钱，买了两套房子。梦中的母亲吃惊地睁圆了眼睛。她还停留在多年前的物价标准与生活方式之中。我刚刚让母亲高兴了几分钟，就身不由己地醒来了。我发现自己正躺在向母亲描绘过的一套房子里。而故乡却消失了。其实故乡并没有消失，还在远方。消失了的是母亲。我就像被泼了一盆冷水：住再大的房子有什么用，如果屋顶下没有母亲的身影？至于我究竟攒了多少钱，别人都不知道，我只偷偷地跟母亲说过。可惜，她已没法跟我分享了。分享了我的喜悦的，不过是梦中的一个影子。想到这里，我在梦中炫耀的财富，一下子就贬值了。它甚至没法让我重新高兴起来。

121

父亲受国家派遣支援非洲那几年，和我隔着一座大洋。母亲又作为南京农学院小分队派驻江北的农场，和我隔着一条长江。幸好，她每个周末都能回城里奶奶家看我一次，共度假日。可能为了弥补平日里分离所造成的缺憾，同时也为了替父亲补偿，母亲回来总要变着花样领我出去玩。逛玄武湖动物园，去新街口看电影，或者陪我在新华书店挑几本小人书。我小时候对玩具兴趣不大，就爱看连环画。母亲在这方面对我从不吝啬，我挑哪本她就买哪本。几年下来，我积累的小人书足足装了一纸箱。每次把新书带到学校，同学们抢着借阅。我喜欢星期天，那是我和母亲相聚的日子。她把一星期的爱全花在那一天了。我害怕星期一，那是母亲和我分手的日子。星期一早晨，她又要赶往长江对岸上班了。她总是顺路把我送到红梅巷小学门口。那是一条长长的巷子，我边走边回头，看见母亲远远站在巷口。想到至少又要有一星期见不到母亲，我有点难过。这甚至抵消了书包里装着新书的喜悦。如果每天都能见到母亲，我宁愿不要这些礼物。星期一放学，别的同学兴高采烈，我却怅然若失。他们每天回家都能吃到妈妈做的饭，而我的妈妈，又跟我隔着一条长江了。我的妈妈，又跟我隔着整整一个星期，必须数着日子才能再次相会。唉，妈妈在身边的日子好短，妈妈不在身边的日子好长。我只能用她买的小人书来陪伴。书快看完的时候，我就计算着：妈妈该回来了。妈妈回来，又会给我买新书的。有好些个周末，母亲因加班回不来。我只好闷在屋子里，把看过的书再看一遍。边看边想：母亲在长江对岸忙些什么呢？也在想我吧？这样的周末，便暗淡得不像是周末。星期一，我只好背着沉重的书包独自去上学了。慢慢走过那条长长的巷子，快进校门的时候，下意识地回头：空荡荡的巷口，没有母亲的影子，只有刺眼的阳光。唉，那些每天由妈妈目送着上学的孩子是幸福的。其实，母亲也在看着我，只不过她的目光，被宽阔的长江给挡住了。

122

今天大雨，下到夜里还没停。据说是北京六十一年来最大的一场雨。窗户已关紧，冰箱里有食物，我很安全地待在房间里，只是有点无所事事。不禁想起另一场雨。1977 年的一场雨，故乡南京的一场雨。那也是我个人记忆中最大的因而最难忘的雨。当时我十岁，读小学三年级。因父亲公派支援非洲，母亲在江浦农场锻炼，我平时都住城里奶奶家。放暑假了，母亲接我去长江对岸的农场。她骑自行车带着我，在快接近农场的村路上遇到一场大雨，瞬间就淋湿了。天已黑了，空中划过的闪电那么夸张那么刺眼，就像电影里的画面。更恐怖的是雷声，仿佛贴着头皮炸响。天地间的母子俩显得无比渺小。夜色中无助的我们，似乎得到天助，依稀看见前方路边有灯光。原来那是农场的小麦实验室。恰好有人值夜班。我们敲门。一位戴眼镜的女同志开门。母亲说着想避避雨打扰了之类的话，对方赶紧让我们进去坐，还给沏了热茶。母亲和她坐着聊天，聊了些什么我记不清了。我只管趴在窗台上看外面的雨景。村路上一个人也没有。所有人都回家了吧。只有我和母亲还在途中。可雨下得再大也威胁不到我们了。我们幸运地找到避雨的地方。我至今仍记得室内的灯光很温暖。在那场雨下过二十多年之后，我已一个人在外面经历了更多的风风雨雨，有一次回南京探望衰老了的母亲，她忽然问起：还记得在江浦农场遇上的那场雨吗？看着身体有点发福的儿子，她没准又想起那个跟她一起避雨的十岁小孩了。他们居然是同一个人。她念叨着：那天小麦实验室要没人值夜班我们可就惨了，离住的地方还有七八公里呢。我想那个雨夜母亲心里一定很慌，可在更为弱小的儿子面前不得不保持镇定。现在不用担心了，儿子已长大了，有什么风雨的话该我保护她了。我说：你那时身体真好，骑那么远的路，还带人。她有点无奈地笑了：现在我连自行车都骑不动了。今天晚上，那场三十多年前的雨，分明又在我窗外下起了。童年跟母亲避雨的故事，曾经是我们共同拥有的一个温暖回忆。

今天却使我感到有些冷。作为我成长见证人的母亲，已不在了。我只能独自回忆了。母亲那时候身体真好，风雨之夜骑自行车带着我，赶那么远的路。也难怪，她那时候刚刚四十岁。而现在，我都四十五岁了，已超过母亲当时的年龄。那场雨就像下在昨天一样。就像下在今天一样。如果当时能想到：衰老在前方等着母亲，离别在前方等着我，我就不会盼望雨早点停。真希望那场雨下个没完没了。真希望母亲和我一直在小麦实验室避雨。唉，雨可以躲得过，时间却无法逃避。那间老房子早拆了吧？可那天晚上的灯光，似乎还留守在原地。让我忽而感到热，忽而感到冷。那条泥泞的村路还在吗？早就拓宽了吧？并且铺上了柏油路面？找不到了，母亲和我并肩留下的两串大大小小的脚印。

123

每个周末母亲领我出去玩，最经常去的还是外婆家。奶奶家在中华门外小市口，外婆家在三山街，相隔公共汽车的六站路。奶奶家住邮电局的大宿舍院子里，外婆家是街边巷子里的小阁楼，楼下是客厅，楼上是外公外婆和舅舅的几间卧室与阳台。我总是顺着嘎吱作响的窄窄木楼梯爬上去，然后扑到外婆怀里。很多个周末，我高兴地见外婆，母亲也很高兴，她见她的母亲。有我陪伴她回娘家，她一定加倍地高兴吧。虽然那几年父亲远在非洲，因为我的护驾，母亲回娘家并未感到形单影只。三山街是母亲从小生长的地方。门前有一口井，通自来水之前，她从井里面打过井水。而这个井台，又成了我和表哥表弟们玩耍的地盘。我在楼上做作业，用的也是母亲读书时做过作业的木桌子矮板凳。晚上，母亲又睡在小时候睡过的那张床上，只不过旁边多了一个我。有一面墙的大窗户临街，过往车辆的灯光透过窗口闪耀在天花板上，像放映没有剧情的幻灯片。不，直到今天，我才过迟地读懂了剧情：闪烁的灯光其实是流逝的时光。一开始是外公不在了，接着是外婆不在了。八十年代，九十年代，母亲仍让我陪她回三山街，因为大舅舅还在。新世纪，母亲身体越来越差，不太愿意出门了，但每年春节都让我和父亲及弟弟作代表，代表她去给大舅舅一家拜年。我感觉她是怕去了三山街睹物思人，想念自己的父亲母亲，她越来越怕那种心理波动。后来，她也不在了。母亲逝世没几年，大舅舅也不在了。最近两年我回南京探亲，曾想去三山街看望大舅母和表哥，终究却犹豫了。与我感情很深的大舅舅不在了，大舅母年事已高，我怕去了难免谈起大舅舅，会引起大舅母伤心。

我同样怕再走上那嘎吱作响的窄窄木楼梯，会一股脑儿地想起外公外婆、母亲和大舅舅。想起不在了的亲人，肯定很伤心的。看来我也跟母亲一样，怕那种睹物思人的心理波动了。看来，我也有点老了。三山街啊，三山街的井台与小阁楼，都还好吗？如果有人问我流逝的时光是什么，我首先想起外婆家的天花板上，夜深人静时倒映的过往车灯。那是我对人生还很无知的童年，半夜醒来，无意间窥探到的生活小圈子的星相图。自到今天才读懂，读懂了才感到忧伤。时光是什么？是一闪即逝的灯，是不断掉队的亲人的身影，是未知的幸福与觉醒的惆怅。什么都不懂的时候，多么好啊。那时候，母亲陪伴在我身旁，即使做梦惊醒，也不害怕：头顶有灯光，眼前有母亲的目光。可当一个人什么都懂了，母亲已不在了，她已完成了她的使命。时光会一点点带走我们曾拥有过的灯光。时光，会留下大片大片的空白，大片大片的黑暗。

124

这么些年来，在我心目中炊烟般袅袅升起的乡愁，最浓郁最无法割舍的一缕是属于母亲的。从 18 岁开始，我就多了一重古典气息浓郁的身份：游子。于是，我的爱常常只能从检票口开始，到另一个检票口结束——我常常只能借助一枚创伤的车票来维系与母亲的联系。母亲是游子精神上的故乡。而故乡对于我，相当于被放大了的母亲的概念。那些初到外地的日子，翻开地图，看到长江中下游那座叫南京的城市，从内心的最深处感到温暖：想象我的母亲生活在那里，在遥远的一扇窗口里做饭、晾洗衣物并且思念着她的儿子。这种时空无法阻隔的心灵感应，该算是一生中永不消逝的电波吧？

125

我 18 岁那年，母亲骄傲地用她的私房钱买了一张船票，在细雨蒙蒙的码头上送我去武汉读大学，仅仅 4 年以后，又是母亲亲自去排队买了火车票，交到我手里——我就这样展开了迁徙到北京的个人生涯。母亲当时预料不到，她对世界的这两次慷慨，构成她终生恐怕都将追悔的过错：我从此便被她无意识地移交给世界，而不再属于她。她已经付出还将继续付出漫无涯际的失眠、泪水、挂念，来承担世界对一个平凡的母亲的掠夺。我离开故乡已经好多年了，渐行渐远，留给母亲的，永远只是背影。一次次的背影。

126

我和母亲生活在两座城市里，坐火车需要一昼夜的路程。这就是一个母亲与孩子的距离。我如果在北方旷野上呐喊一声，恐怕要经过一昼夜才能传到母亲耳边。唉，思念母亲的时候，真想能以光速回到她眼前——当然，这肯定也是母亲的愿望，甚至堪称我苍老的母亲对生活最奢侈的要求。我太了解她了。每年回家探亲，总发现母亲老了许多：前年是皱纹多了，去年是头发白了，今年是牙齿掉了……顿时有天上一日、人间一年的恍惚感。触目惊心。我简直不敢如此想象下去。于是转而安慰自己：母亲健在就是一种幸福。虽然天各一方，她的心跳无时无刻不在震撼我的耳膜。就像冬天的鸟怀念远处的树巢，母亲的音容笑貌是我流浪生涯中最隐晦最柔韧的寄托。母亲无论居住在哪里，哪里都是我的故乡。游子的心室供奉着一枚隐形的磁针。

127

那些年我一直出门在外，大部分时间只能靠书信与家中保持联系。仿佛成为惯例了，收到的家书一般都是父亲执笔，而由母亲在信末附上几句话。母亲的字体一生未有大的变化，横平竖直，纤巧紧凑，一笔一画都保留着女中学生的风味。这恐怕也是母亲总让父亲写正文，自己仅附注几笔的原因。母亲觉得自己的字拿不出手。加上父亲日常拟惯了公文，遣词造句自如，讲述事理也极周全，因而似乎更有发言权。然而我知道，家中频繁来信，大多缘自母亲耐不住自己的思念，而催促父亲“又该给孩子写信了”，父亲不过是代言人而已。每逢拆阅家书，我心理上总偏爱地视作“母亲又来信了”，虽然母亲的信总是很短很短。母亲的爱是细致而不无担忧的，总是敏感于我写信间隔太长，“是否生病或发生什么事了？”她每每不厌其烦的探询实则载荷着太深的挂念。我没想象过母亲接到孩子去信的心情，但母亲自己说她常常是读了一遍又一遍，直到眼泪流了出来。作为男孩子，大大咧咧惯了，有时把写家信当作应付差事，潦草完成，有时事务一多就疏忘了这茬，白惹母亲担心了无数次。偶逢父亲出差，执笔家书的任务就完全由母亲完成。然而母亲的信仍然很短很短，翻来覆去说不腻的仍然是那么几句。唯一异乎寻常的是，母亲悄悄地问我是否找女朋友了，然后勾勒一遍她理想中儿媳妇的模式，不外乎温柔呀贤慧呀能干呀之类的。对于母亲的操心，我微笑之余常常无言以对。有一次平淡地拆开信，一张小画卡掉出来。我才想起今天是我的生日。也许所有母亲确实比儿女更深刻地记得那一天，它是儿女生命的起点，更是母爱随之诞生的日子。母亲啊母亲，从此开始了她的养育、守望、担忧、欣慰以及对离别的畏惧。这是一段多么漫长、艰辛而又多么伟大的历程啊！

128

每年回南京休假，日程排得满满的，早出晚归，忙于探亲访友、参加各种聚会，有时深夜喝得半醉悄悄溜进家门，发现母亲房间的灯还亮着，她仰躺在床头，用耳机听磁带，眼睛却望着天花板发呆。我仿佛洞察了母亲寂寞的日常生活，是怎样度过的。包括我不在身边的那无数个夜晚，她是怎样以思念来填补那可怕的空白。这时我才懊悔虽然回到家中，陪伴母亲的时候仍很少。对于成熟了的儿女来说，母亲只是他生活的一部分。但对于衰老了的母亲来说，儿子却接近于她生活的全部。

129

母亲越老，精神上就越脆弱。以前离别，无论刮风下雨，她坚持要送我到火车站，我一次次地目睹过她站在月台上挥手的身影从缓缓移动的车窗里消失，就像不断重演的神圣仪式。记不清从哪一年开始，她改为在家中的阳台上目送我。她说每次离别对于她都是不小的打击，每次我走后她都要流好半天的泪，这几年越来越觉得有点承受不了，要过好几天才能恢复过来。我提着行李箱走到拐弯的丁字路口，下意识地回头，发现母亲瘦弱的身影凄楚地倚在二楼阳台上（像被世界遗弃了一样孤独），我知道自己又留给她一年的痛苦。那一瞬间我真想抛掉箱子飞跑回去再拥抱她一次，或索性永不离开。可我只能故作超脱地向她招一招手。然后就不可阻止地从她视野里消失了。在异乡想起母亲，头脑中总浮现出这同一幅画面，仿佛她自始至终都伫立在故乡的阳台上，一分钟都不曾离开。同样，母亲思念我时，也会反复咀嚼我的背影，我高耸起衣领逆风而行的背影留给她的是苦涩的滋味吧？一次次迎面走来，又一次次转身离去——这就是母亲眼中的我。是谁在折磨这个平凡、善良而无辜的女人，是我还是命运？阳台上的母亲，你别再流泪了。千里之外的母亲，你别再衰老了。请你一定站在原地，别动，等我回来。

130

她呀，先是忘掉自己活过，变成一张照片。接着，变成一块墓碑。当刻在碑上的字被风磨平，她彻底变成无名的石头。她的亲人不再是我，而是别的石头。等到我也消失，她冰凉的身体还会长出温暖的子宫，孕育一个跟我一模一样的婴儿。她还会恢复失去的记忆，让疼痛再来一遍。这就是她的宿命：重新成为我的纪念碑。

131

六岁时跟母亲出远门，在中途一个停靠十分钟的车站，贪玩的我趁着母亲正打盹，溜下车来看零食摊，结果火车开了。我哭了。一生中第一次感到绝望。以为妈妈不要我了，全世界都不要我了。只模糊记得一位戴大盖帽的铁路警察，把我抱进值班室，给下一个车站打电话，使母亲当天晚上赶回来找到我。我曾经是一个走丢了的孩子。在命运就要大变样的时候，是一位铁路警察，把我送回原先的轨道。母亲心急火燎地冲进值班室，发现我在警察的怀里睡着了，脸上还挂着泪花。那是一个孩子所做过最惊险的梦：像梦游一样独自出现在异乡的车站。幸好我把这个梦继续做下去：梦见了一位警察，他帮我找到回到母亲身边的办法。如果没有母亲作证，我会很快把这个梦忘掉的。几十年过去，母亲不在了。能为我作证的人不在了。我也难免怀疑：那究竟是童年的一个梦，还是一段真实的经历？不，证人还在，就是远方那位不知姓甚名谁的警察。估计他也退休了。我真的想再遇见一位神通广大的铁路警察，能帮我找到走丢了的母亲。

132

四大名山，我陪母亲拜过三座。只剩下普陀山，还没来得及拜。还没来得及拜普陀山，母亲就走了。母亲没来过普陀山，却知道它是海上的一个岛，要坐船才能渡到岛上去。她一直在等我有空的时候。她想象着母子同舟的情景，觉得很美好。然而这个梦还没来得及实现，母亲就走了。我更愿意相信：是母亲等不及了而独自上路，独自去看普陀山了。母亲并没有消失，她一直在路上，一直坐在前往普陀山的船上。她离祥云缭绕的南海观音越来越近。她一边走一边等我呢。今天我终于坐上前往普陀山的轮渡，忍不住四下张望，看是否有长得像母亲的人。我们曾经约好共乘这条船的。我这次来普陀山，是想替母亲圆一个梦呢，还是圆自己的一个梦？从来不晕船的我，却体会到了一种晕眩。尤其一抬头，看见彼岸那尊南海观音的塑像——她多么像一个人啊。她是在等我吗？苦海再苦，哪有我的心里苦呀。可就是在一片苦心里，也有一个梦是甜的。正如苦海无边，至少有一座岛是甜的。能够安慰我们的苦旅。

母亲

母亲